REVOLUÇÃO ChatGPT

CRIANDO NOVOS MILIONÁRIOS

Presidente:
Mauricio Sita

Vice-presidente:
Alessandra Ksenhuck

Chief Product Officer:
Julyana Rosa

Diretora de projetos:
Gleide Santos

Chief Sales Officer:
Claudia Pires

Assistente de projetos:
Amanda Dias

Capa, projeto gráfico e diagramação:
Gabriel Uchima

Imagem da capa:
Veectezy

Revisão:
Rodrigo Rainho

Impressão:
Gráfica Paym

Dados Internacionais de Catalogação na Publicação (CIP)
(eDOC BRASIL, Belo Horizonte/MG)

Moura, Alex.
M929r Revolução ChatGPT: criando novos milionários / Alex Moura, Hader Azzini. – São Paulo, SP: Literare Books International, 2023.
16 x 23 cm

ISBN 978-65-5922-618-4

1. Inteligência artificial. 2. ChatGPT. 3. Economia. 4. Tecnologia. I. Azzini, Hader. II. Título.
CDD 001.535

Elaborado por Maurício Amormino Júnior – CRB6/2422

Literare Books International Ltda.
Alameda dos Guatás, 102 – Saúde– São Paulo, SP.
CEP 04053-040
Fone: +55 (0**11) 2659-0968
site: www.literarebooks.com.br
e-mail: literare@literarebooks.com.br

FSC
www.fsc.org
MISTO
Papel produzido a partir de fontes responsáveis
FSC® C133282

Às nossas famílias, amigos e a todos aqueles que enxergam no futuro um universo de oportunidades.

ESCREVER É HUMANO,
EDITAR É DIVINO.

Stephen King

PREFÁCIO

"Em um mundo em rápida mudança, a tecnologia continua a desempenhar um papel crucial na formação de nossas vidas e na maneira como nos relacionamos com o mundo ao nosso redor. E um dos desenvolvimentos mais empolgantes dos últimos anos tem sido o surgimento dos *chatbots* e a revolução dos *chatbots*. Os sistemas de IA de conversação estão transformando a maneira como interagimos com empresas, organizações e uns com os outros, abrindo um mundo de novas possibilidades.

Este livro explora a revolução do *chatbot* e o papel que o ChatGPT, um dos mais avançados sistemas de IA de conversação, desempenha na criação de oportunidades a todas as pessoas e empresas. Do atendimento ao cliente e assistência médica à educação e marketing, o ChatGPT está mudando o jogo e oferecendo benefícios significativos para empresas e indivíduos, possibilitando a geração de novas fortunas.

Por meio deste livro, você aprenderá sobre a tecnologia por trás do ChatGPT, seus recursos, limitações e as várias maneiras como ele está sendo usado para criar milionários em todo o mundo. Seja você um empreendedor em busca de uma vantagem competitiva, um estudante procurando entender o futuro do mercado de trabalho, um profissional buscando aprimorar suas habilidades ou alguém com uma mente curiosa, este livro lhe dará uma visão do futuro e o ajudará a entender todo o potencial da revolução do *chatbot*.

Então, abra sua mente e junte-se a nós nesta jornada enquanto exploramos o excitante novo mundo do ChatGPT e a revolução do *chatbot*, e descubra como você pode se tornar o próximo novo milionário criado por essa tecnologia revolucionária."

Prefácio escrito por ChatGPT

INTRODUÇÃO

Bem-vindo(a) à obra *Revolução ChatGPT: criando novos milionários*. Este livro é um guia para todos aqueles que desejam aproveitar as oportunidades geradas pela revolução que está ocorrendo agora no mercado.

Nos últimos anos, a inteligência artificial avançou rapidamente, e agora estamos vendo os frutos desse avanço. Uma das maiores conquistas da inteligência artificial é a criação de *chatbots* inteligentes que podem interagir com as pessoas de maneira mais natural do que nunca.

É aqui que entra o ChatGPT. ChatGPT é um *chatbot* inteligente treinado por meio do uso de uma técnica conhecida como aprendizado por máquina. Ele é capaz de conversar com as pessoas de maneira natural e responder a perguntas de maneira inteligente. O ChatGPT é capaz de compreender uma variedade de idiomas e tem uma vasta quantidade de conhecimento sobre diversos temas.

Mas o que isso tem a ver com a criação de novos milionários? Bem, o ChatGPT está mudando a maneira como as empresas interagem com seus clientes. As empresas agora podem usar o ChatGPT para fornecer suporte ao cliente de maneira mais eficiente, responder a perguntas comuns e até mesmo realizar vendas.

Imagine isso: você está procurando comprar um produto on-line, mas tem algumas perguntas antes de fazer a compra. Em vez de enviar um e-mail para o suporte ao cliente e esperar por uma resposta, você pode simplesmente conversar com o ChatGPT e obter suas respostas instantaneamente. Isso economiza tempo e é muito mais conveniente para o cliente.

E para os empresários, isso significa uma oportunidade incrível. O ChatGPT pode ajudar a reduzir os custos com suporte ao cliente, permitindo que as empresas aumentem eficiência e lucratividade. Além disso, o ChatGPT também pode ser usado para gerar *leads* e vendas, o que pode ajudar as empresas a crescer ainda mais.

Mas isso não é tudo. O ChatGPT também pode ser usado por empreendedores individuais para criar negócios e fontes de renda. Imagine criar o próprio *chatbot* personalizado para fornecer suporte ao cliente ou vender produtos. Com o ChatGPT, isso é possível. E se você tiver habilidades de programação, as possibilidades são ainda maiores.

A Revolução ChatGPT está apenas começando. À medida que mais empresas e empreendedores descobrem as possibilidades que o ChatGPT oferece, novas oportunidades são criadas. Este livro é um guia para aqueles que desejam aproveitar ao máximo essa revolução e criar a própria fortuna.

Então, prepare-se para o livro *Revolução ChatGPT: criando novos milionários*. Esteja pronto(a) para aproveitar as oportunidades que virão e para mudar a maneira como fazemos negócios. Com o ChatGPT, o futuro é agora.

MAS O QUE É CHATGPT?

O ChatGPT é um modelo avançado de linguagem de inteligência artificial, considerado uma das tecnologias de IA mais avançadas e inovadoras no cenário tecnológico atual. Ele tem a capacidade de gerar respostas de texto semelhantes às humanas, o que o torna uma ferramenta ideal para automatizar várias tarefas, como atendimento ao cliente, recuperação de informações e análise de dados. Os recursos avançados de linguagem do ChatGPT permitem que ele processe grandes quantidades de informações e responda em tempo real, tornando-o uma ferramenta valiosa para organizações que precisam lidar com grandes quantidades de dados. Além disso, sua capacidade de interagir com os usuários em linguagem natural a torna uma tecnologia mais acessível e fácil de usar em comparação com os sistemas tradicionais de IA. Com seu potencial para aumentar a produtividade, aumentar a eficiência e melhorar a experiência do cliente, o ChatGPT tem potencial para desempenhar um papel significativo na definição do futuro da tecnologia e da economia digital.

A MORTE DE UMA ERA E O NASCIMENTO DE OUTRA COM O USO DA IA E DO CHATGPT

Assim como a internet revolucionou a forma como as pessoas se comunicam, se informam e trabalham a partir dos anos 1990, a IA e o ChatGPT também têm o potencial de impactar profundamente nossa sociedade em diversos aspectos.

A internet resolveu uma dor principal que a humanidade tinha, a falta de acesso à informação. As bibliotecas, os jornais e as revistas eram a principal fonte de informação e todos eles exigiam um movimento físico para obtê-la. Ou você ia até a biblioteca ou pedia que a empresa entregasse o jornal na sua casa. Ou você se movia até a informação ou a informação se movia até pelo meio físico em que ela estava armazenada, principalmente o papel. E transporte físico leva tempo e tem um custo. Você até tinha o rádio e a TV para propagar a informação sem movimento físico, pelas ondas eletromagnéticas, mas nesse caso quem tinha o microfone escolhia qual informação receberia e você tinha poucas opções para obter o que desejava.

A digitalização da informação, em um mundo com uma rede mundial de computadores, permitiu que a informação fluísse rapidamente sem a necessidade de movimentar algo físico que contém essa informação. Assim, os custos de acesso à informação se tornaram baixos, o que mudou totalmente a economia que estava estruturada sobre a informação. Antes, apenas alguns tinham o microfone e você só tinha acesso a eles; com a internet, cada pessoa tem a sua disposição um microfone virtual e você pode escolher ouvir de praticamente qualquer um desses bilhões de microfones. O jogo mudou e, por isso, os jogadores mudaram e o dinheiro se moveu de algumas mãos para outras.

A TV, que era o principal destino da verba de marketing das empresas, passou a concorrer com sites e motores de busca. Agora, não era uma questão de quem podia entregar a informação, mas quem conseguia entregar a informação para as pessoas certas. O Yahoo e o Google logo passaram a receber o dinheiro dos anunciantes, pois organizavam e exibiam a informação, deixando o cliente usar toda essa estrutura gratuitamente para buscar a informação que queria, em troca de receber anúncios. Os gigantes, agora, eram as *big techs*.

As *big techs* seguiam em certa bonança até os últimos anos, figurando entre as marcas mais valiosas. Elas mesmas iniciaram os investimentos massivos em inteligência artificial, focando basicamente na premissa de que a AI fosse criar disrupções e gerar milhões. Mas, talvez, o que eles não esperavam, ou esperavam, mas preferiram fingir que não, é que a disrupção fosse tão grande a ponto de abalar os próprios modelos de negócios. Aparentemente, todas as *big techs* acreditavam que a AI resolveria a próxima dor da humanidade, que é a dificuldade de tomar decisões quando a quantidade de dados é grande demais, o famoso *big data*, mas não esperavam que ela novamente fosse alterar a forma como obtemos informação. É nesse ponto que as coisas foram para um caminho que o Google não gostou.

O ChatGPT, na sua terceira versão, pode ser considerado o primeiro *chatbot* capaz de formular uma resposta com qualidade considerável e com grande amplitude de assuntos. Isso afeta diretamente o modelo de negócios do Google. Se antes tínhamos que buscar a informação e o Google nos apontava para o site que seus algoritmos julgavam mais adequado, agora podemos apenas fazer uma pergunta e o ChatGPT formula a resposta. Não é mais necessário um motor de busca que calcula a semelhança das palavras que você usou na busca com os sites que ele tem listados.

O ChatGPT está mudando isso. Ao usar algoritmos avançados de inteligência artificial, o ChatGPT é capaz de entender e processar a linguagem natural com uma precisão impressionante. Isso permite que as pessoas interajam com a tecnologia de uma forma mais natural e intuitiva do que nunca. De certa forma, não temos mais que pescar o peixe baseado na dica de onde temos mais chance de encontrá-lo, ele já chega preparado em nossa mesa.

O Google foi atingido em seu calcanhar de Aquiles: o fato de que nós nunca quisemos buscar a informação, sempre quisemos ter as respostas prontas. Só fazíamos busca na internet porque era a coisa mais próxima da resposta pronta que tínhamos. O velho e simples desejo de preferir perguntar para o colega do lado do que gastar tempo procurando e lendo vários textos sempre esteve ali, o fato é que esse colega finalmente chegou com o nome de ChatGPT.

Se ainda não ficou claro que o dinheiro vai mudar de mãos, vamos dar um exemplo. Imagine que, na empresa que você trabalha, para cada trabalhador que nela existe, fosse contratada uma pessoa exclusivamente para o auxiliar. Ou seja, se na empresa existem 300 trabalhadores, agora terão 600 contando com os auxiliares. Ainda que esses novos 300 não tivessem experiência e que fossem capazes de resolver apenas um conjunto limitado de tarefas, com certeza essa empresa experimentaria um salto de produtividade. Imagine o auxiliar atendendo a todos os telefonemas que o trabalhador não julga importante. Imagine o auxiliar montando os slides daquela apresentação e o trabalhador fazendo apenas os ajustes finais. Imagine o auxiliar escrevendo as respostas dos 50 e-mails que o trabalhador recebeu naquele dia e ele tendo apenas que apertar enviar. Imagine o auxiliar anotando tudo o que foi dito em uma reunião e, depois, criando uma lista de tarefas para todos os envolvidos. Imagine o auxiliar editando a gravação da reunião para que os que não puderam participar vejam apenas os pontos mais importantes. Talvez a produtividade não dobrasse, mas com certeza iria aumentar.

Agora, imagine que todas essas 300 pessoas não custassem pouco mais que algumas dezenas de dólares, a quantidade de trabalho feito pelos custos da empresa com certeza iria aumentar consideravelmente. Imagine que os concorrentes diretos da sua empresa não contrataram os auxiliares, eles com certeza ficariam em desvantagem. Estamos falando de diferença tão significativa como a de um esportista profissional competindo com amadores. O ChatGPT seria exatamente esses auxiliares. Com o ChatGPT, seus clientes com certeza perceberiam mais valor entregue pela sua empresa do que a do concorrente, e uma boa fatia do mercado iria das mãos dele para a da sua empresa. Mas lembre-se, tudo isso é apenas em modelos de negócio que já existem hoje, imagine os que vão surgir com essa nova tecnologia.

Tudo isso nos leva a ter certeza de que a IA e o ChatGPT têm o potencial de causar uma revolução tão grande quanto a da internet nos anos 1990, impactando profundamente a forma como vivemos, trabalhamos e nos comunicamos.

Estamos, portanto, testemunhando a morte de uma era e o nascimento de outra, com o uso da IA e do ChatGPT. À medida que a tecnologia evolui, descobrimos novas maneiras de interagir com ela. O ChatGPT é apenas o começo, mas já está tendo um impacto significativo em nossas vidas. Como essa tecnologia continuará a evoluir e mudar o mundo, só o tempo dirá. Como disse Andrew Ng, um dos pioneiros da inteligência artificial, "assim como cerca de 100 anos atrás a eletricidade mudou todas as indústrias, a AI fará o mesmo", e as empresas que a adotam podem obter uma vantagem competitiva significativa.

A recente pesquisa realizada pelo MIT revelou resultados surpreendentes no campo da produtividade dos trabalhadores. De acordo com Aidan Gomez, CEO da *startup* de inteligência artificial gerativa chamada Cohere, a utilização do ChatGPT proporcionou um aumento de 37% na eficiência – um ganho de eficiência comparável à Revolução Industrial.

O estudo conduzido pelo MIT envolveu a implementação do ChatGPT em várias empresas de diferentes setores. Durante um período de três meses, os trabalhadores foram capazes de interagir com o ChatGPT para realizar uma variedade de tarefas, desde a redação de relatórios até a análise de dados complexos.

Os resultados foram impressionantes. Os funcionários que utilizaram o ChatGPT experimentaram uma redução significativa no tempo necessário para concluir suas tarefas diárias. Em média, eles foram capazes de realizar 37% mais trabalho em comparação com o grupo de controle que não utilizou a tecnologia. Isso representa um ganho de produtividade sem precedentes.

Além disso, o estudo também demonstrou que o ChatGPT teve um impacto positivo na qualidade do trabalho realizado. Os funcionários relataram maior precisão e menor número de erros em suas atividades quando utilizaram a tecnologia. Isso pode ser atribuído à capacidade do ChatGPT de fornecer sugestões relevantes e ajudar na resolução de problemas complexos.

Aidan Gomez, especialista no assunto, enfatiza que esse ganho de eficiência é comparável ao impacto da Revolução Industrial no século XVIII. Assim como essa revolução transformou radicalmente a indústria, a introdução do ChatGPT está redefinindo a forma como as empresas operam e se comunicam.

Esses resultados promissores têm despertado o interesse de líderes empresariais e tomadores de decisão em todo o mundo. A implementação do ChatGPT está se tornando uma prioridade estratégica para muitas organizações, pois elas reconhecem o enorme potencial dessa tecnologia para impulsionar o crescimento e a competitividade.

A tecnologia ChatGPT, desenvolvida pela Cohere, está oferecendo soluções inovadoras em diversos setores. Desde o atendimento ao cliente até a automação de processos complexos, o potencial do ChatGPT é vasto e promissor. À medida que mais empresas adotam essa tecnologia, podemos esperar um aumento generalizado na produtividade e na eficiência em toda a indústria.

A revolução impulsionada pelo ChatGPT não apenas melhora a produtividade, mas também redefine a forma como as pessoas trabalham. Os trabalhadores agora têm acesso a um assistente virtual inteligente que pode fornecer suporte, responder a perguntas e ajudar a aprimorar as habilidades. Essa colaboração homem-máquina está criando um ambiente de trabalho mais eficiente e estimulante.

À medida que avançamos nessa nova era tecnológica, é essencial que as empresas abracem as oportunidades oferecidas pelo ChatGPT. Os benefícios são inegáveis, e aqueles que se adaptarem rapidamente serão capazes de se destacar em seus setores.

A Revolução do ChatGPT está em pleno andamento, e aqueles que a abraçarem colherão os frutos de uma produtividade aprimorada e de um futuro promissor. Além dos benefícios diretos para as empresas, o estudo do MIT também destacou os efeitos positivos para os próprios trabalhadores.

Ao utilizar o ChatGPT, os funcionários sentiram-se mais capacitados e confiantes em suas habilidades. A disponibilidade de um assistente virtual que pode ajudá-los a resolver problemas e fornecer suporte em tempo real contribuiu para um aumento no engajamento e na satisfação no trabalho. Isso resultou em um ambiente mais colaborativo e estimulante, no qual os profissionais se sentem valorizados e apoiados.

Outro dado importante destacado no estudo foi a redução do estresse relacionado ao trabalho. O ChatGPT assumiu tarefas repetitivas e de baixo valor, permitindo que os trabalhadores se concentrassem em atividades mais complexas e estratégicas. Essa mudança na dinâmica de trabalho resultou em uma diminuição significativa na carga de estresse e no sentimento de sobrecarga, levando a um aumento no bem-estar geral dos funcionários.

Os resultados do estudo do MIT comprovam que o ChatGPT representa um salto significativo na forma como as empresas operam e na eficiência dos trabalhadores. Com o apoio dessa tecnologia avançada, as organizações podem esperar melhorias substanciais nos resultados financeiros, na qualidade do trabalho e na satisfação dos colaboradores.

À medida que essa revolução continua a se expandir, é importante considerar os desafios e as responsabilidades éticas que surgem com o uso do ChatGPT. Questões relacionadas à privacidade, segurança e viés algorítmico devem ser cuidadosamente examinadas e abordadas. É essencial que os desenvolvedores, as empresas e as entidades reguladoras trabalhem juntos para garantir que a implementação do ChatGPT seja feita de forma ética e responsável.

O estudo do MIT sobre a produtividade dos trabalhadores com o uso do ChatGPT é apenas o começo de uma nova era de inovação e eficiência. À medida que a tecnologia avança e evolui, podemos esperar que o ChatGPT desempenhe um papel cada vez mais importante em nosso cotidiano, transformando a maneira como trabalhamos, colaboramos e alcançamos nossos objetivos.

A Revolução do ChatGPT está em pleno andamento, e é emocionante testemunhar as possibilidades ilimitadas que essa tecnologia oferece para impulsionar o progresso e melhorar nossas vidas.

Para ajudá-lo a entender melhor o impacto que o ChatGPT terá em nossas vidas, criamos 34 perguntas e respostas que abrirão um novo horizonte de possibilidades. Definitivamente, o termo "pensar fora da caixa" se encaixa muito bem com o que iremos fornecer neste livro.

Nosso esforço foi fazer um livro conciso que facilite a consulta rápida, assim, não é necessário ler na ordem dos números das perguntas. Para tanto, fizemos um esforço para colocar as perguntas em ordem de forma que as primeiras ajudem a contextualizar melhor as últimas. Também nos esforçamos em fazer um livro evitando jargões técnicos e que fosse acessível a um leitor que não tem tempo para ficar se atualizando sobre todos os detalhes do que acontece no campo da inteligência artificial.

A Revolução ChatGPT está acontecendo agora e está transformando o mundo dos negócios e do empreendedorismo. Este livro, *Revolução ChatGPT: Criando Novos Milionários,* é apenas o começo. Para manter-se atualizado com as últimas tendências, novidades e materiais extras, visite nosso site www.ai2venture.com ou siga-nos em nossas redes sociais. Além disso, você pode digitalizar o QR Code a seguir para obter acesso a conteúdo exclusivo e dicas para ajudá-lo a se tornar um dos próximos milionários da Revolução ChatGPT. Aperte o cinto e acelere, a jornada está apenas começando!

SUMÁRIO

Capítulo 3
USO DO CHATGPT NO TRABALHO 59

Capítulo 4
USO DO CHATGPT EM EMPRESAS E NEGÓCIOS 75

Capítulo 5
USO DO CHATGPT EM ALGUMAS ÁREAS DE DESTAQUE 101

Capítulo 6
LIMITAÇÕES DO CHATGPT E PONTOS IMPORTANTES 127

CAPÍTULO 1

INTRODUÇÃO AO CHATGPT

Faça uma sinopse do que irei encontrar no capítulo 1.

Neste capítulo, de uma maneira bem objetiva, forneceremos uma visão geral do que é o ChatGPT, como ele funciona e como é treinado. Além disso, abordaremos o que o diferencia de outros assistentes virtuais e qual é a tecnologia subjacente que o torna possível. Ao final desta seção, você terá um entendimento mais claro sobre o que é o ChatGPT e como ele pode ser usado em uma variedade de tarefas.

1 O QUE É O CHATGPT?

Podemos responder a essa pergunta de duas formas. Para os que querem apenas entender o conceito, preparamos uma resposta mais simples. Já para os que querem entender mais detalhes, preparamos uma resposta mais técnica. Primeiro, vamos à resposta mais simples.

O ChatGPT é um chatbot pré-treinado em grandes quantidades de dados textuais, como livros, artigos e conversas. Ele é capaz de gerar textos que são muito semelhantes aos textos humanos. Como usa uma inteligência artificial (IA) de última geração, ele é capaz de conversar com os usuários de forma natural e fornecer respostas a perguntas em uma ampla variedade de tópicos. Ele é capaz de aprender com as conversas anteriores e ajustar suas respostas de acordo com o contexto da conversa.

Agora, vamos para uma definição mais técnica.

ChatGPT é um modelo de linguagem de última geração. É um tipo de inteligência artificial que usa algoritmos de Deep Learning para gerar texto semelhante ao humano com base em um prompt fornecido a ele. Como o próprio nome sugere, o ChatGPT é um chatbot baseado em GPT, que significa "Generative Pre-trained Transformer", em inglês, ou "Transformador Pré-treinado Generativo", em português. O GPT é um modelo de linguagem natural baseado em redes neurais artificiais que foi treinado em uma enorme quantidade de dados de texto, permitindo responder a uma ampla gama de perguntas e gerar texto sobre uma variedade de tópicos com notável coerência e fluência.

O ChatGPT é amplamente utilizado em aplicativos de IA de conversação, como *chatbots,* assistentes virtuais e agentes de atendimento ao cliente, em que pode fornecer respostas rápidas e precisas às consultas do usuário. Ele também é usado na pesquisa de processamento de linguagem natural (NLP), na qual está ajudando a avançar no campo, gerando amostras de texto mais realistas e diversas.

PRIMEIROS PASSOS PARA USAR O CHATGPT

Aqui está um passo a passo básico de como uma pessoa pode começar a usar o ChatGPT.

1. **Criar uma conta no OpenAI:** para começar a usar o ChatGPT, é necessário criar uma conta no OpenAI. Acesse o site https://chat.openai.com/chat e preencha o formulário de inscrição. Você precisará fornecer informações pessoais básicas, como nome, endereço de e-mail, e criar uma senha.

2. **Obter acesso ao ChatGPT:** depois de criar sua conta, você precisará solicitar acesso ao ChatGPT. O processo de solicitação varia de acordo com o tipo de conta que você escolher. Há uma opção gratuita que permite acesso limitado ao ChatGPT, bem como planos pagos para uso ilimitado.
3. **Testar e ajustar:** agora, basta você escrever seus *prompts*, testá-los e ajustá-los continuamente para garantir que esteja fornecendo respostas precisas e relevantes.

Como o ChatGPT está em constante mudança e atualização, talvez esse passo a passo se torne obsoleto em breve. Por isso, no nosso site www.ai2venture.com sempre atualizaremos sobre como você pode usar o ChatGPT.

2 O QUE É UM PROMPT?

O *prompt* é uma entrada de texto que é fornecida ao ChatGPT para gerar uma resposta adequada. O modelo usa o *prompt* como base para entender o que a pessoa está procurando e, em seguida, gera uma resposta com base em seu treinamento em grandes quantidades de dados.

Para o modelo, o *prompt* é a chave para entender o que o usuário está buscando e gerar uma resposta que atenda às suas expectativas. Por essa razão, é importante fornecer um *prompt* claro e bem formulado, que dê ao modelo todas as informações necessárias para gerar uma resposta precisa e útil.

Na prática, o *prompt* pode variar amplamente em termos de complexidade e detalhamento. Por exemplo, um *prompt* simples pode ser apenas uma pergunta direta, como: "Qual é o significado da vida?". Já um *prompt* mais complexo pode incluir várias informações e detalhes relevantes para a pergunta, como: "Qual é o significado da vida para as diferentes filosofias religiosas e culturais em todo o mundo?".

Independentemente do tipo de *prompt*, é importante ter em mente que ele deve ser bem estruturado e formulado de forma clara e direta. Isso ajuda o modelo a entender o que o usuário está procurando e gerar uma resposta que atenda às suas expectativas.

Outro aspecto importante do *prompt* é que ele pode ser usado para controlar a qualidade e o tom da resposta gerada pelo modelo. Por exemplo, se um usuário deseja que a resposta tenha um tom mais sério ou formal, ele pode incluir essas informações no *prompt*. Da mesma forma, se o usuário deseja que a resposta seja mais criativa ou humorística, ele pode incluir essas informações no *prompt* também.

A LÓGICA BÁSICA DE COMO USAR PROMPTS

Mas ficou com dúvida de como obter os melhores *prompts*? Simples, pergunte ao próprio ChatGPT. O ChatGPT é o expert em fazer *prompts* para ele mesmo. *Prompts* prontos são úteis e economizam tempo, mas você não precisa se preocupar em ficar buscando *prompts* como se eles fossem fórmulas mágicas, o ChatGPT mesmo pode ajudá-lo a achar o *prompt* que você precisa.

Pergunte como fazer os *prompts*.

Você pode me ajudar a fazer X, Y e Z?

Ao fazer isso, o próprio ChatGPT vai começar a guiá-lo, dando informações do que é necessário você passar para ele executar o que você precisa. Para continuar, basta você fazer perguntas baseado no que ele está lhe dizendo.

Se ao longo do processo você chegar a um beco sem saída, que ele não está sendo claro em como ajudá-lo, faça a seguinte pergunta:

Ok, se eu quisesse obter isso de você, o que eu teria que fazer ou o que eu teria que perguntar?

No fim, após terminar, quando conseguir o resultado que quer, pergunte:

Qual é o prompt exato que eu teria que lhe dar na próxima vez para obter este resultado?

Isso vai fazer você ganhar tempo na próxima vez que tiver que repetir a tarefa.

Em geral, o *prompt* é uma parte fundamental do processo de interação com o ChatGPT. Ele permite que os usuários gerem respostas úteis e precisas para suas perguntas, e é uma ferramenta poderosa para controlar a qualidade e o tom da resposta gerada pelo modelo. Com um *prompt* adequado, os usuários podem aproveitar ao máximo as capacidades do modelo e obter respostas que atendam às suas expectativas.

3 QUAL É A HISTÓRIA DO CHATGPT E COMO ELE EVOLUIU AO LONGO DO TEMPO?

O ChatGPT é um produto da OpenAI, uma organização de pesquisa dedicada a criar e promover uma IA amigável que beneficie a humanidade. A primeira versão do ChatGPT, conhecida como GPT-1, foi lançada em 2018. Ele foi treinado em um enorme conjunto de dados de texto da internet e demonstrou desempenho impressionante em tarefas de geração de linguagem.

Desde então, a OpenAI lançou várias versões atualizadas do modelo, cada uma com maior capacidade e melhor desempenho. O GPT-2 foi lançado em 2019 e mostrou notável fluência e versatilidade na geração de idiomas. O GPT-3, a versão atual do ChatGPT, foi lançado em 2020 e tem sido elogiado por sua capacidade de realizar uma ampla gama de tarefas de linguagem, desde responder a perguntas até escrever textos criativos, com fluência semelhante à humana. O GPT-4 acabou de ser lançado durante o momento da redação deste livro. A OpenAI tem feito algumas demonstrações, mas o mais surpreendente é a quantidade de dados usada para treinamento, como mostra a figura a seguir.

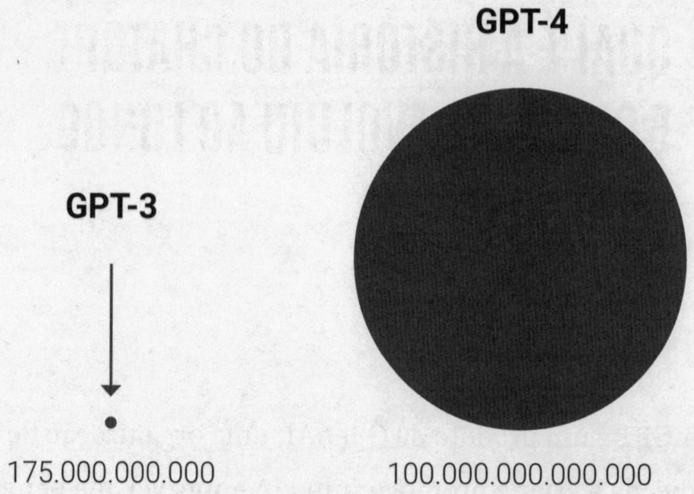

Fonte: Acquisition.com
https://twitter.com/AlexHormozi/status/1612913266195587072

Além de melhorar a capacidade e o desempenho do modelo, a OpenAI também tem trabalhado para tornar a tecnologia mais acessível e fácil de usar para uma gama maior de aplicações. Isso envolveu o desenvolvimento de novas ferramentas e APIs, bem como a criação de parcerias com empresas e organizações para levar a tecnologia a um público mais amplo.

Algo que chamou muita atenção foi a velocidade de adoção. As pessoas ficaram muito interessadas no ChatGPT 3 e, apenas em aproximadamente cinco dias, conseguiram 1 milhão de usuários. Apenas para termos ideias de comparação, o Instagram, que antes era considerado um dos maiores sucessos de adoção rápida, levou cerca de 75 dias para obter 1 milhão de usuários.

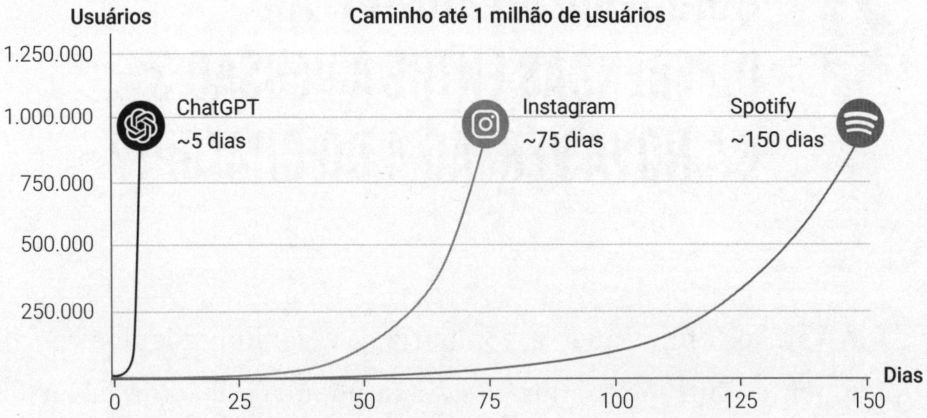

fonte:Contrary Research
https://twitter.com/Contrary_Res/status/1610752946412847104

No geral, a história do ChatGPT tem sido de rápida evolução e melhoria, impulsionada pelos esforços de pesquisa e desenvolvimento da OpenAI e seus parceiros. À medida que a tecnologia continua avançando, ela tem o potencial de transformar muitas indústrias e ter um impacto profundo na vida diária das pessoas.

4 QUAIS SÃO AS PRINCIPAIS DIFERENÇAS ENTRE A VERSÃO 3 E A NOVA VERSÃO 4 DO CHATGPT?

A versão 3 foi a que se popularizou e ganhou adeptos rapidamente. Entretanto, durante a sua popularização, já havia rumores de que a versão 4 seria lançada em breve. No dia 14 de março de 2023, a OpenAI, em uma *live* – apesar de não muito divulgada, reuniu cerca de 300 mil pessoas –, anunciou o lançamento da versão 4.

A quarta versão tem vários aprimoramentos em relação à versão 3.5, que estava em uso no momento do lançamento. Um dos aprimoramentos é que a versão 4 consegue receber muito mais *input*, cerca de 8 vezes o limite da versão anterior. Assim, você consegue dar muito mais detalhes ao ChatGPT, fazendo que ele seja muito mais contextualizado na tarefa que você gostaria que ele realizasse.

A versão 4 se propõe a ser multimoda. Ela não vai simplesmente receber mais texto, o foco é que ela receba imagens, vídeos e áudio. Assim, ela pode fazer muito mais tarefas que a versão anterior. Por exemplo, ela pode descrever em palavras o conteúdo de uma imagem, inclusive em alguns memes ela pode dizer por que aquela imagem é engraçada.

A versão 4 performa muito melhor que a 3 em questão de idiomas, ficando à frente em vários *benchmarks* de vários idiomas.

Em relação às alucinações, como são chamados os erros de lógica ou textos estranhos que o ChatGPT gera. A versão 4 performou 40% melhor que a versão 3.5, fazendo, assim, com que, muito menos provavelmente, o ChatGPT diga que "nove mulheres grávidas podem gerar um filho em um mês".

Outra melhoria de performance foi no exame das ordens do advogado dos Estados Unidos. A versão 3.5 não conseguia ficar entre os 10% piores alunos, mas a versão 4 ficou entre os 10% melhores.

Uma demonstração que chamou muito a atenção foi quando desenharam um rascunho de um site em um pedaço de papel e tiraram uma foto. A partir da foto do rascunho, o ChatGPT foi capaz de criar um *website* totalmente funcional.

No momento da escrita deste livro, a versão 4 não estava totalmente disponível ao público, apenas para os assinantes *plus*. Os interessados em usar a API ainda tinham que entrar na lista de espera. Mas acreditamos que no momento em que você está lendo, a situação já seja outra, devido aos constantes avanços da OpenAI.

5 QUAL É O PAPEL DO CHATGPT NA TENDÊNCIA DA TRANSFORMAÇÃO DIGITAL?

A história da transformação digital pode ser rastreada até a revolução da tecnologia da informação nos anos 1970 e 1980, com a popularização dos computadores pessoais e da internet. Desde então, a evolução tecnológica tem acelerado rapidamente, dando origem a novas tecnologias, como a inteligência artificial e o ChatGPT, que estão transformando a forma como as empresas operam e como os clientes interagem com elas.

A transformação digital é uma resposta às mudanças no comportamento do consumidor, na evolução das tecnologias e nas novas oportunidades de negócios que surgem com a digitalização. O foco da transformação digital no setor empresarial é permitir que as empresas se tornem mais ágeis, inovadoras e eficientes, levando a uma melhor posição no mercado e a um aumento da satisfação do cliente.

O ChatGPT pode representar um papel importante na tendência mais ampla da transformação digital, em relação à melhoria de processos de negócios e da experiência do cliente. O ChatGPT pode ser integrado a outras tecnologias, como *chatbots,* assistentes virtuais e análise de dados, para criar soluções de negócios mais completas e eficazes. Ele pode ser usado em diversas áreas, incluindo vendas, suporte técnico e análise de dados. Por exemplo, as empresas podem usar o ChatGPT para oferecer um atendimento ao cliente mais rápido e eficiente, automatizar tarefas repetitivas, personalizar ofertas e melhorar a análise de dados.

Nos últimos anos, o comércio conversacional tornou-se uma tendência cada vez mais popular em muitos setores da economia. Essa tendência é impulsionada pelo aumento do uso de tecnologias como *chatbots* e assistentes virtuais. Nesse contexto, o ChatGPT oferece uma solução poderosa e flexível para a geração de texto em tempo real. Ao contrário de outros sistemas de *chatbot* que são baseados em regras ou *scripts* predefinidos, o ChatGPT usa um modelo de linguagem natural para gerar respostas dinâmicas e flexíveis para as perguntas dos usuários.

Outra vantagem do ChatGPT é a sua capacidade de aprender e evoluir com o tempo. Como o modelo é alimentado por grandes volumes de dados e pode ser treinado para reconhecer padrões e tendências em diferentes setores, ele pode ser adaptado para atender às necessidades de diferentes empresas e setores. Isso significa que as empresas podem criar soluções de *chatbot* altamente personalizadas que se adaptem às suas necessidades específicas.

Além disso, o ChatGPT pode ser usado para gerar conteúdo de alta qualidade e envolvente em diferentes canais de comunicação, como blogs, sites e redes sociais. Isso pode ajudar as empresas a se comunicarem de forma mais eficaz com seus clientes, fornecendo informações úteis e relevantes que os ajudem a tomar decisões informadas.

Outra tendência importante é a integração do ChatGPT com outras tecnologias emergentes, como a realidade virtual e aumentada. Isso permitirá que as empresas ofereçam experiências mais imersivas e interativas para os clientes, por exemplo, permitindo que os clientes experimentem produtos virtualmente antes de comprá-los.

Existem vários exemplos práticos do uso do ChatGPT na transformação digital de empresas e setores específicos.

Um exemplo prático pode ser encontrado na indústria de varejo. A empresa de moda H&M, por exemplo, implementou um *chatbot* com a ajuda do ChatGPT para melhorar a experiência do cliente em sua loja virtual. O *chatbot* é capaz de responder a perguntas comuns dos clientes, como informações sobre tamanhos e disponibilidade de estoque, permitindo que os clientes obtenham respostas imediatas sem precisar esperar por um representante do atendimento ao cliente.

Outro exemplo é a utilização do ChatGPT no setor de saúde. A empresa Babylon Health desenvolveu um *chatbot* que usa o ChatGPT para diagnosticar e prescrever tratamentos para pacientes. O *chatbot* é capaz de entender os sintomas do paciente e fornecer conselhos médicos precisos, oferecendo um atendimento mais rápido e eficiente.

No setor financeiro, a Mastercard desenvolveu um assistente virtual de inteligência artificial que usa o ChatGPT para ajudar os clientes a realizarem transações financeiras, fornecer informações sobre contas e solucionar problemas de segurança.

O futuro da transformação digital com o uso do ChatGPT é empolgante e promete trazer ainda mais inovações para as empresas e a sociedade como um todo. A evolução da inteligência artificial e do ChatGPT em particular tem sido encarada com muita agitação, seja com prognósticos animadores ou preocupantes. À medida que a tecnologia avança, espera-se que o ChatGPT seja capaz de interagir com os clientes de maneira cada vez mais natural e inteligente, com respostas mais precisas e personalizadas. Por um lado, isso significa que as empresas poderão oferecer um atendimento ao cliente ainda mais eficiente e satisfatório; por outro, são levantadas preocupações com questões de privacidade e segurança de dados. Portanto, as empresas precisarão estar atentas a essas questões, garantir que estão tomando medidas adequadas para proteger a privacidade de seus clientes e a segurança dos dados.

Com base nas informações apresentadas, podemos concluir que o ChatGPT tem um papel fundamental na transformação digital e na melhoria da experiência do cliente em diversos setores, desde o atendimento ao cliente em empresas de diferentes setores, até a automação de processos e a personalização de serviços. Portanto, o ChatGPT representa uma oportunidade valiosa para as empresas que buscam melhorar a experiência do cliente e se adaptar às mudanças do mundo digital, desde que seja utilizado com responsabilidade e cuidado.

6 QUAL É O PAPEL DO CHATGPT NA TENDÊNCIA DE INTELIGÊNCIA ARTIFICIAL E MACHINE LEARNING?

O ChatGPT desempenha um papel importante na tendência maior de inteligência artificial e *machine learning*, pois é um modelo de linguagem natural avançado que utiliza a aprendizagem de máquina para gerar respostas mais precisas e naturais. O uso de modelos de linguagem natural, como o ChatGPT, é uma das áreas mais promissoras em *machine learning*, e pode ser aplicado em diversos setores, desde o atendimento ao cliente até a criação de *chatbots* e assistentes virtuais.

O ChatGPT é capaz de aprender e se adaptar à medida que interage com os usuários, tornando-se cada vez mais preciso e eficiente. Além disso, ele pode ser treinado em diversos idiomas e contextos, tornando-o uma solução versátil e escalável.

Com a evolução contínua da inteligência artificial e do *machine learning*, espera-se que o ChatGPT se torne ainda mais sofisticado e integrado com outras tecnologias emergentes, como a realidade virtual e aumentada, permitindo uma interação mais natural e imersiva com os usuários.

Portanto, o ChatGPT é um exemplo prático da aplicação da inteligência artificial e *machine learning* no mundo real, e representa uma oportunidade valiosa para as empresas que buscam melhorar a experiência do cliente e aumentar a eficiência dos seus processos.

7 QUAL A PRINCIPAL DIFERENÇA ENTRE O CHATGPT E AS OUTRAS FERRAMENTAS DISPONÍVEIS NA INTERNET?

Embora existam outros modelos de linguagem e ferramentas de NLP disponíveis na internet, o ChatGPT se destaca de outras ferramentas disponíveis na internet em vários aspectos:

- **Dados de treinamento em larga escala:** o ChatGPT foi treinado em uma grande quantidade de dados de texto, tornando-o um dos maiores modelos de linguagem disponíveis. Isso permite gerar texto mais coerente e diversificado do que outros modelos de linguagem;
- **Algoritmos avançados de *Deep Learning*:** ele usa a arquitetura Transformer, que é um algoritmo de *Deep Learning* de ponta para tarefas de NLP. Isso permite gerar um texto mais humano e responder a perguntas complexas com alta precisão;
- **Resposta em tempo real:** pode gerar respostas em tempo real, tornando-o ideal para uso em aplicativos de IA de conversação;

- **Suporte a vários idiomas:** oferece suporte a vários idiomas, tornando-o uma ferramenta versátil para usuários globais;
- **Melhoria contínua:** a OpenAI atualiza e melhora regularmente o ChatGPT, tornando-o um dos modelos de linguagem mais avançados disponíveis.

8 COMO O CHATGPT EVOLUIRÁ COM O TEMPO?

A tecnologia de *chatbot* está em constante evolução e há muitas tendências futuras em que o ChatGPT e outras ferramentas de *chatbot* podem se desenvolver. Algumas dessas tendências incluem:

- **Maior personalização e experiência do usuário mais natural:** os *chatbots* do futuro serão capazes de entender melhor as preferências e necessidades dos usuários, proporcionando uma experiência mais personalizada e natural. Os *chatbots* terão a capacidade de analisar o histórico de interações do usuário com a empresa, incluindo suas compras anteriores e suas consultas de suporte, para fornecer respostas mais personalizadas e relevantes. Isso pode ser feito usando tecnologias como aprendizado de máquina e análise de dados;
- **Maior uso de voz e linguagem natural:** a interação por voz será cada vez mais comum e os *chatbots* serão capazes de entender melhor a linguagem natural, tornando as conversas mais naturais e fluidas. Os *chatbots* também

serão capazes de responder a perguntas e realizar tarefas por meio de comandos de voz. Isso permitirá que os usuários interajam com as empresas de maneira mais eficiente e eficaz;

- ***Chatbots* em mais plataformas e dispositivos:** os *chatbots* serão incorporados em mais plataformas e dispositivos, incluindo assistentes pessoais, televisores, carros e dispositivos domésticos inteligentes. Isso permitirá que as empresas se conectem com seus clientes em mais pontos de contato, melhorando a experiência do usuário e fornecendo suporte ao cliente em tempo real;
- **Maior integração com outras tecnologias:** os *chatbots* serão integrados com outras tecnologias, como inteligência artificial, análise de dados e aprendizado de máquina. Isso permitirá que eles forneçam respostas mais precisas e personalizadas em tempo real. Os *chatbots* poderão analisar grandes quantidades de dados para fornecer *insights* úteis sobre o comportamento do usuário e a eficácia da campanha de marketing.

Além dessas tendências, os *chatbots* também precisarão se adaptar a um mundo em constante mudança e evolução. Eles precisarão lidar com uma ampla gama de idiomas e culturas, fornecer suporte *omnichannel*, proteger a privacidade e segurança dos dados dos usuários. Para atender a essas demandas em constante evolução, o ChatGPT e outras ferramentas de *chatbot* continuarão a se desenvolver e evoluir com o tempo.

No futuro, o ChatGPT poderá desenvolver habilidades ainda mais avançadas, como a capacidade de entender as emoções dos usuários e responder de acordo, bem como incorporar a realidade aumentada para fornecer suporte visual. Também pode haver maior ênfase na colaboração entre humanos e *chatbots*, com os *chatbots* ajudando a encaminhar consultas mais complexas para os agentes humanos quando necessário.

Em resumo, as tendências futuras na tecnologia de *chatbot* incluem maior personalização e experiência do usuário mais natural, maior uso de voz e linguagem natural, *chatbots* em mais plataformas e dispositivos, maior integração com outras tecnologias, e adaptação a um mundo em constante mudança e evolução.

RESUMO DO CAPÍTULO 1

O ChatGPT é um modelo de linguagem de inteligência artificial desenvolvido pela OpenAI, que permite a comunicação entre humanos e máquinas. Os usuários fornecem um *prompt* ou uma frase de início, e o modelo GPT-3 (o mais recente modelo lançado em 2020) gera uma resposta em linguagem natural.

O ChatGPT tem evoluído ao longo do tempo, com a OpenAI lançando modelos sucessivamente mais avançados. O GPT-3 é o modelo mais avançado até o momento e é notável por sua capacidade de gerar textos quase humanos. O ChatGPT é uma parte da tendência maior de transformação digital e é uma ferramenta cada vez mais importante para a automação de tarefas e processos.

CONCLUSÕES:

- O ChatGPT é uma ferramenta de linguagem natural que permite a comunicação entre humanos e máquinas;
- O ChatGPT evoluiu ao longo do tempo, com a OpenAI lançando modelos mais avançados;
- O ChatGPT é uma parte da tendência maior de transformação digital e é uma ferramenta importante para a automação de tarefas e processos;

- A capacidade do ChatGPT de gerar textos quase humanos é notável e tem implicações significativas para a comunicação entre humanos e máquinas;
- O ChatGPT tem um papel importante na tendência maior de inteligência artificial e *machine learning* e é uma ferramenta que está mudando a maneira como os humanos interagem com as máquinas;
- O ChatGPT é diferente de outras ferramentas disponíveis na internet porque usa um modelo de linguagem avançado para gerar respostas em linguagem natural;
- As tendências futuras na tecnologia *chatbot* indicam que o ChatGPT continuará a evoluir e a ser uma ferramenta importante para a comunicação entre humanos e máquinas.

Em resumo, o ChatGPT representa uma evolução significativa na tecnologia de comunicação entre humanos e máquinas. Sua capacidade de gerar respostas em linguagem natural e quase humana tem implicações importantes para a automação de tarefas e processos, além de possibilitar uma experiência mais natural e intuitiva para os usuários. Como parte da tendência maior de transformação digital e inteligência artificial, o ChatGPT provavelmente continuará evoluindo e sendo uma ferramenta importante para a comunicação e interação entre humanos e máquinas.

CAPÍTULO 2

USO PESSOAL DO CHATGPT

Faça uma sinopse do que encontrarei no capítulo 2.

O capítulo *uso pessoal* tem como objetivo explorar maneiras práticas de como o ChatGPT pode ser utilizado no dia a dia das pessoas. Desde melhorar a organização pessoal, até auxiliar na escrita de e-mails comerciais, passando por dicas para se preparar para entrevistas de emprego e resumir conteúdos como livros e vídeos. A ideia é demonstrar como essa tecnologia pode ser útil em situações cotidianas, trazendo praticidade e eficiência para diversas tarefas que muitas vezes exigem tempo e esforço consideráveis. Com as respostas para essas perguntas, esperamos mostrar que o ChatGPT pode ser uma ferramenta útil e versátil em diferentes aspectos da vida profissional e pessoal.

9 COMO O CHATGPT PODE SER ÚTIL NO MEU DIA A DIA?

Imagine que você acorda em uma manhã agitada, cheia de tarefas para realizar. Você precisa verificar suas mensagens, enviar alguns e-mails importantes, marcar uma consulta com o seu médico, planejar a viagem do feriado e preparar o jantar. Em vez de abrir vários aplicativos e sites diferentes, você pode usar o ChatGPT para fazer tudo isso em um só lugar.

Ao usar o ChatGPT em seu assistente pessoal virtual, você pode verificar suas mensagens de texto, WhatsApp e outros aplicativos de mensagens em uma interface unificada. Ele pode resumir o conteúdo de e-mails longos e listar quais tarefas você precisa fazer. Além disso, você pode pedir para enviar e-mails para seus contatos, agendar reuniões e até mesmo reservar uma mesa em um restaurante. Tudo isso sem ter que abrir vários aplicativos e sites diferentes.

Quando é hora de marcar a consulta com o seu médico, você pode usar o ChatGPT para verificar a disponibilidade de horários, marcar a consulta e até mesmo receber lembretes sobre a data e hora da consulta. Se você tiver alguma dúvida sobre o procedimento ou medicação, o ChatGPT pode fornecer informações precisas e úteis para ajudá-lo a se sentir mais seguro e informado.

Para planejar a viagem do próximo feriado, pode pedir ao ChatGPT que gere cronogramas de passeios para as cidades que você tem em mente. Ele inclui sugestões de atrações na cidade, dando horários e detalhes do que fazer. Com esses cronogramas, você pode decidir para onde ir ou pedir algumas alterações específicas para se adequar melhor ao seu gosto.

Na hora do jantar, você pode listar alguns ingredientes que tem na geladeira e ele pode sugerir alguma receita que envolva aqueles ingredientes.

E não é só isso! O ChatGPT também pode ser seu parceiro de entretenimento. Você pode pedir para ele recomendar filmes, séries ou livros, ouvir música ou jogar jogos interativos. Além disso, o ChatGPT é capaz de entender e responder a comandos de voz, tornando-o ainda mais fácil de usar em situações em que você precisa de suas mãos livres.

O ChatGPT é uma ferramenta poderosa para ajudá-lo em seu dia a dia, oferecendo praticidade, agilidade e informações úteis. Ele pode ser seu assistente pessoal em várias áreas da sua vida, ajudando você a se organizar, se informar e se divertir. Experimente usar o ChatGPT e descubra como ele pode tornar sua vida mais fácil e eficiente.

10 COMO OBTER O RESUMO DE UM LIVRO COM O CHATGPT?

Aqui está um passo a passo simples de como obter um resumo de um livro com o ChatGPT:

1. Comece por fornecer o título do livro para o ChatGPT;
2. O ChatGPT utilizará seus modelos de linguagem treinados para compreender o título do livro e identificar o autor, se necessário;
3. Em seguida, você pode perguntar ao ChatGPT algo como: "Qual é o resumo do livro [título do livro]?";
4. O ChatGPT gerará um resumo do livro com base em suas habilidades de processamento de linguagem natural e nas informações que ele pode encontrar em suas fontes de conhecimento;
5. Se o resumo não estiver claro ou se você quiser mais informações, pode fazer perguntas de acompanhamento para o ChatGPT, como: "Quem é o personagem principal do livro?" ou "Qual é a mensagem central do livro?".

Existem algumas coisas que você pode pedir ao ChatGPT para melhorar sua experiência com relação ao resumo do livro. Aqui estão algumas ideias:

- Peça uma análise mais detalhada do enredo ou dos personagens do livro. Você pode fazer perguntas específicas para o ChatGPT sobre o desenvolvimento dos personagens, os eventos-chave da trama ou a estrutura do livro;
- Peça para o ChatGPT destacar os temas ou ideias principais do livro. Isso pode ajudá-lo a entender melhor a mensagem ou os pontos de vista do autor;
- Peça sugestões de outros livros semelhantes. Se você gostou do livro em questão, o ChatGPT pode recomendar outros livros que você possa gostar com base em seus conhecimentos prévios;
- Peça mais informações sobre o autor ou o contexto histórico do livro. O ChatGPT pode fornecer informações sobre o autor e o tempo em que o livro foi escrito, o que pode ajudá-lo a entender melhor as escolhas narrativas do autor.

Vale lembrar que o ChatGPT é uma inteligência artificial e que seus resumos podem não ser tão precisos quanto os de um ser humano, especialmente se o livro for complexo ou se o resumo for muito curto. No entanto, o ChatGPT pode ser uma ferramenta útil para ajudá-lo a ter uma ideia geral do livro antes de lê-lo.

11 COMO USAR O CHATGPT PARA RESUMIR UM VÍDEO DO YOUTUBE?

Aqui está um passo a passo sobre como usar ferramentas de transcrição de áudio para obter um texto do vídeo que pode ser usado com o ChatGPT para resumir o conteúdo do vídeo do YouTube:

1. Escolha uma ferramenta de transcrição de áudio para usar. Existem várias opções disponíveis on-line, incluindo o Google Transcribe, o TranscribeMe e o Otter.ai. O próprio YouTube fornece a transcrição para a maioria de seus vídeos, mas a transcrição não pode ser colada diretamente no ChatGPT, pois ela vem com rótulos de tempo e isso geralmente faz com que o limite de caracteres aceitos em um *prompt* seja excedido. Uma alternativa é usar uma extensão do Google Chrome como a YouTube Summary with ChatGPT;
2. Copie a URL do vídeo do YouTube que você deseja resumir;
3. Acesse a ferramenta de transcrição de áudio de sua escolha e clique na opção de *upload* de arquivo ou copie e cole a URL do vídeo no campo fornecido;

4. Aguarde enquanto a ferramenta de transcrição de áudio processa o arquivo de áudio do vídeo. Isso pode levar alguns minutos, dependendo do tamanho do vídeo;
5. Revise o texto gerado pela ferramenta de transcrição de áudio. Certifique-se de que o texto seja preciso e que todas as palavras e frases importantes estejam incluídas;
6. Copie e cole o texto gerado pelo software de transcrição em uma caixa de diálogo com o ChatGPT;
7. Peça ao ChatGPT para resumir o conteúdo do vídeo com base no texto transcrito.

RESUMO DO CAPÍTULO 2

O capítulo 2 explora os diferentes usos pessoais do ChatGPT e como ele pode ser útil no dia a dia das pessoas. Ele apresenta várias maneiras de utilizar o ChatGPT para melhorar a produtividade, organização pessoal e auxiliar nas tarefas diárias. Por exemplo, o ChatGPT pode ser usado para criar uma *cover letter,* preparar-se para uma entrevista de emprego, otimizar videoconferências, escrever e-mails comerciais, obter resumos de livros e vídeos do YouTube.

CONCLUSÕES:

1. O ChatGPT pode ser útil no dia a dia das pessoas de diversas maneiras;
2. Ele pode ser usado para melhorar a produtividade e organização pessoal, além de auxiliar nas tarefas diárias;
3. Usando o ChatGPT, é possível criar uma *cover letter* de forma mais eficiente e preparar-se para uma entrevista de emprego;
4. O ChatGPT pode otimizar as videoconferências, permitindo uma comunicação mais eficaz;

5. Escrever e-mails comerciais pode ser mais fácil com o uso do ChatGPT;

6. É possível obter resumos de livros e vídeos do YouTube utilizando o ChatGPT.

Além disso, o ChatGPT pode ser útil para as pessoas que possuem dificuldades em se comunicar devido a barreiras linguísticas ou outras limitações físicas. Com a evolução contínua da tecnologia, espera-se que o ChatGPT se torne cada vez mais versátil e útil para as pessoas em seu dia a dia.

CAPÍTULO 3

USO DO CHATGPT NO TRABALHO

Faça uma sinopse do que irei encontrar no capítulo 3.

O capítulo 3 tem como objetivo mostrar que o ChatGPT não é apenas uma tecnologia inovadora para uso pessoal, mas também pode ser uma ferramenta valiosa para melhorar a eficiência e produtividade no ambiente de trabalho. Neste capítulo, exploramos as diferentes maneiras pelas quais o ChatGPT pode ser utilizado em diversas áreas profissionais, desde assistentes virtuais que automatizam tarefas rotineiras, até suporte em tomadas de decisões complexas. Veremos como o ChatGPT pode ser integrado a fluxos de trabalho existentes para fornecer *insights* valiosos, agilizar processos e melhorar as tomadas de decisões. Com exemplos práticos e estudos de caso, vamos mostrar como essa tecnologia pode ajudar a transformar a maneira como trabalhamos, trazendo benefícios significativos para as empresas e funcionários.

12 DE QUE MANEIRA O CHATGPT PODE SER ÚTIL PARA MELHORAR A PRODUTIVIDADE E A ORGANIZAÇÃO PESSOAL, ALÉM DE AUXILIAR AS PESSOAS EM SEU TRABALHO DIÁRIO?

Com a crescente complexidade do mundo atual, é essencial que as pessoas sejam altamente produtivas e organizadas em seu trabalho diário. A seguir, estão algumas áreas em que o ChatGPT pode ajudar:

- **Assistente pessoal:** o ChatGPT pode agir como um assistente pessoal, ajudando as pessoas a gerenciarem tarefas diárias, fornecendo lembretes e programando compromissos;
- **Suporte à tomada de decisão:** o ChatGPT pode fornecer informações úteis que ajudam as pessoas a tomar decisões informadas, como pesquisas de mercado, análises de dados e informações sobre concorrentes;
- **Automatização de tarefas:** o ChatGPT pode ajudar a automatizar tarefas repetitivas, como envio de e-mails, agendamento de reuniões e criação de relatórios;

- **Acesso a conhecimento especializado:** o ChatGPT pode ajudar as pessoas a obter acesso a conhecimentos especializados em áreas específicas, como leis, finanças, tecnologia e saúde, entre outras;
- **Gerenciamento de projetos:** o ChatGPT pode ajudar a gerenciar projetos, definindo objetivos, programando tarefas e mantendo a equipe atualizada;
- **Resolução de problemas:** o ChatGPT pode ajudar as pessoas a resolver problemas, fornecendo soluções possíveis, identificando falhas no processo e indicando onde estão os erros.

Essas são apenas algumas maneiras de o ChatGPT ser útil, para melhorar a produtividade e organização pessoal, além de auxiliar as pessoas em seu trabalho diário. Há muitas outras maneiras, dependendo das necessidades individuais de cada pessoal.

13 COMO USAR O CHATGPT PARA FAZER UMA COVER LETTER?

A *cover letter,* ou carta de apresentação, é uma carta que você envia com seu currículo para se candidatar a um emprego. Ela é uma oportunidade para você se apresentar, destacar habilidades e experiências relevantes e explicar por que é o candidato ideal para a vaga. Para usar o ChatGPT com o objetivo de criar uma carta de apresentação (*cover letter*) para uma vaga de emprego, siga os passos a seguir:

1. Cole o currículo: comece copiando e colando seu currículo no *prompt* do ChatGPT para que ele possa entender suas experiências de trabalho e habilidades;
2. Insira a descrição do trabalho: copie e cole a descrição da vaga para a qual está se candidatando, para que o ChatGPT possa entender o que o empregador está procurando e ajudá-lo a adequar a carta de apresentação às necessidades da vaga;
3. Comece a escrever a carta de apresentação: dê ao ChatGPT uma breve introdução sobre a vaga, mencionando o nome da empresa, o título do cargo e o motivo pelo qual está interessado por nessa vaga. Em seguida, peça ao ChatGPT que escreva uma introdução forte para a carta de apresentação,

que destaque suas habilidades e experiências que se relacionam com a vaga. Alguns exemplos de *prompts* podem ser:

"Escreva uma carta de apresentação convincente para se candidatar ao cargo de [nome do cargo] na [nome da empresa], destacando minhas habilidades e experiências relevantes".

"Explique por que sou o candidato ideal para a vaga de [nome do cargo] na [nome da empresa], destacando minhas qualificações e realizações anteriores".

4. **Destaque suas habilidades e experiências:** forneça ao ChatGPT uma lista de habilidades e experiências que você gostaria de destacar em sua carta de apresentação. O ChatGPT pode ajudá-lo a apresentar essas informações de forma mais clara e persuasiva;
5. **Adicione uma conclusão:** peça ao ChatGPT para ajudá-lo a encerrar a carta de apresentação com uma declaração forte e entusiasmada sobre sua experiência, qualificações e seu interesse na vaga. Inclua uma linha final com suas informações de contato;
6. **Revisão e edição:** após receber a carta de apresentação do ChatGPT, revise e edite o texto para garantir que reflita suas habilidades e experiências de forma precisa e clara. Faça

as alterações necessárias e ajuste o texto para que soe mais natural e pessoal.

Lembre-se de que o ChatGPT é uma ferramenta que pode ajudá-lo a começar a escrever sua carta de apresentação, mas é importante que você personalize e edite o texto para que ele reflita suas habilidades e experiências de forma clara e apropriada para a vaga em questão. Além disso, certifique-se de verificar se há erros ortográficos ou gramaticais antes de enviar sua carta de apresentação. Não é comum o ChatGPT ter erros ortográficos, mas costuma ter alguns erros gramaticais em português, especialmente de concordância. Como cada erro em uma *cover letter* gera péssima impressão, é melhor ter muita atenção nesse aspecto.

14 COMO USAR O CHATGPT PARA SE PREPARAR PARA UMA ENTREVISTA DE EMPREGO?

O ChatGPT pode ser uma ferramenta útil para ajudar a se preparar para uma entrevista de emprego. Aqui estão algumas dicas:

- **Pesquisa sobre a empresa:** antes da entrevista, é importante conhecer a empresa, suas práticas e sua cultura. Use o ChatGPT para pesquisar informações sobre a empresa, como missão, valores, produtos/serviços, história e até mesmo notícias recentes. Use *prompts* como: "O que a empresa X faz?" ou "Quais são os valores da empresa X?";
- **Prática de perguntas e respostas:** o ChatGPT pode ajudar a praticar perguntas comuns que são frequentemente feitas em entrevistas de emprego. Use *prompts* como: "Me dê um exemplo de como você lida com conflitos?" ou "Como você lidaria com um colega de trabalho difícil?". O ChatGPT pode fornecer respostas possíveis, que podem ser adaptadas às suas experiências e personalidade;
- ***Feedback* sobre sua linguagem corporal e tom de voz:** o ChatGPT pode ser programado para dar *feedback* sobre a sua

linguagem corporal e tom de voz. Use *prompts* como: "Como posso melhorar minha postura durante uma entrevista?" ou "Como posso parecer mais confiante durante uma entrevista?". O ChatGPT pode fornecer sugestões e conselhos sobre como melhorar esses aspectos;

- **Dicas sobre como se vestir:** a aparência é importante em uma entrevista de emprego. O ChatGPT pode ajudar a decidir o que vestir. Use *prompts* como: "O que devo usar em uma entrevista de emprego em uma empresa formal?" ou "Como me vestir para uma entrevista em uma empresa casual?". O ChatGPT pode fornecer conselhos e sugestões sobre o que vestir.

É importante lembrar que o ChatGPT é uma ferramenta de suporte e não substitui a experiência e o conhecimento humano. Use-o como uma ferramenta complementar para ajudar a se preparar para a entrevista de emprego, mas sempre mantenha em mente a importância da sua própria pesquisa e experiência pessoal.

15 COMO O CHATGPT PODE OTIMIZAR AS VIDEOCONFERÊNCIAS?

A Microsoft está integrando a tecnologia por trás do bem-sucedido *chatbot* ChatGPT da OpenAI no Teams como parte de uma nova oferta premium. A IA será usada para simplificar as reuniões, incluindo automatizar anotações e recomendar tarefas com base nas conversas durante a ligação. Ele incluirá uma recapitulação inteligente que gerará, automaticamente, notas e destaques personalizados para "ajudá-lo a obter as informações mais importantes para você", mesmo que você não tenha comparecido à reunião, de acordo com a Microsoft.

O Teams Premium também incluirá traduções ao vivo geradas a partir das legendas, que poderão ser traduzidas entre 40 idiomas falados com legendas exibidas no idioma de escolha dos usuários. Para que isso funcione, apenas o organizador da reunião precisa ter pago pelo Premium do Teams – então, todos na reunião poderão selecionar o idioma de legenda de escolha.

Entretanto, de forma geral para as ferramentas de videoconferência, o ChatGPT também pode ser útil. Ele pode ajudar a gerar ideias para a agenda da reunião e fornecer possíveis perguntas para discussão. Além disso, o ChatGPT pode ajudar a preparar uma introdução convincente e fornecer sugestões para manter a reunião produtiva e engajadora.

Por exemplo, ao usar o ChatGPT para otimizar uma videoconferência, você pode fornecer informações sobre os tópicos a serem discutidos na reunião e as metas a serem alcançadas. O ChatGPT pode, então, gerar possíveis perguntas para discussão e oferecer sugestões para manter a reunião produtiva e focada.

Além disso, o ChatGPT pode ser usado para ajudar a preparar uma introdução eficaz para a reunião, que pode ajudar a estabelecer o tom certo e envolver os participantes desde o início.

Por fim, o ChatGPT pode ser usado para fornecer ideias para manter a reunião produtiva e engajadora, como sugestões de exercícios de quebra-gelo, atividades de *brainstorming* ou tarefas de acompanhamento.

No entanto, é importante lembrar que o ChatGPT é uma ferramenta que pode ajudar a otimizar as videoconferências, mas não deve substituir a participação humana na preparação e realização das reuniões. A interação e a colaboração entre os participantes continuam sendo as chaves para o sucesso de uma reunião produtiva.

16 COMO USAR O CHATGPT PARA ESCREVER E-MAILS COMERCIAIS?

Para usar o ChatGPT para escrever e-mails comerciais, siga estas etapas:

- **Forneça um *prompt*:** comece fornecendo um breve *prompt* que descreva o objetivo do e-mail. Por exemplo, você pode perguntar: "Por favor, escreva um e-mail formal para solicitar uma reunião com um cliente";
- **Adicione detalhes específicos:** certifique-se de incluir todos os detalhes específicos relevantes para o e-mail. Por exemplo, você pode especificar a data, a hora e o objetivo da reunião que está solicitando;
- **Revise e edite:** depois que o ChatGPT gerar o e-mail, revise-o e faça as edições necessárias para garantir que o tom e o conteúdo sejam apropriados para um ambiente de negócios;
- **Personalize o e-mail:** personalize o e-mail para refletir seu próprio estilo de escrita e voz. Isso ajudará o e-mail a soar mais pessoal e aumentará as chances de ser bem recebido.

EXEMPLO

Peça ao ChatGPT o seguinte:

```
Escreva um e-mail formal para solicitar uma reunião
com um cliente.
Detalhes: a reunião acontecerá na quinta-feira,
17 de fevereiro, às 14h. O objetivo do encontro
é discutir a possibilidade de colaborar em um
novo projeto.
```

A resposta do ChatGPT:

Olá [Nome do cliente],

Espero que este e-mail o(a) encontre bem. Gostaria de entrar em contato com você para solicitar uma reunião para discutir uma possível oportunidade de colaboração.

Acredito que nossas empresas poderiam se beneficiar trabalhando juntas em um novo projeto e adoraria a oportunidade de discutir isso com você.

Quinta-feira, 17 de fevereiro, às 14h, funcionaria para você? Estou disponível nesse horário e terei prazer em marcar uma reunião pessoalmente ou por videochamada, o que for mais conveniente para você.

Por favor, deixe-me saber se esse horário funciona para você ou se há um horário melhor que funcione melhor para sua programação. Aguardo seu retorno e a possibilidade de trabalharmos juntos.

Atenciosamente,
[Seu nome]

RESUMO DO CAPÍTULO 3

Neste capítulo, exploramos o uso do ChatGPT no ambiente de trabalho e como essa tecnologia pode ser útil para melhorar a produtividade e a organização pessoal, além de auxiliar as pessoas em seu trabalho diário. O capítulo começou discutindo os diferentes usos do ChatGPT como assistente virtual para automatizar tarefas rotineiras, fornecer *insights* valiosos e melhorar as tomadas de decisões. Em seguida, abordamos tópicos específicos, como usar o ChatGPT para escrever uma *cover letter* ou se preparar para uma entrevista de emprego, fornecendo exemplos práticos e dicas úteis. Também foram apresentados como o ChatGPT pode otimizar videoconferências e como pode ser usado para escrever e-mails comerciais de maneira mais eficiente. No geral, o capítulo demonstrou como o ChatGPT pode ser uma ferramenta valiosa para profissionais de todas as áreas e como pode ajudar a melhorar a eficiência e a produtividade no ambiente de trabalho.

CAPÍTULO 4

USO DO CHATGPT EM EMPRESAS E NEGÓCIOS

Faça uma sinopse do que irei encontrar no capítulo 4.

Este capítulo explora os benefícios e desafios associados ao uso do ChatGPT, bem como sua aplicação em diferentes setores.

Composto de seis perguntas importantes, este capítulo ajuda você, leitor, a entender como os negócios e as empresas podem adotar o ChatGPT para melhorar a eficiência e a produtividade, os benefícios de usar o ChatGPT para atendimento e suporte ao cliente, quais indústrias e aplicativos são os mais adequados para o uso do ChatGPT, as implicações do uso do ChatGPT para pequenas empresas e *startups*, e como o ChatGPT pode ajudar as empresas a melhorar a responsabilidade social corporativa.

Ao adotar o ChatGPT em suas operações, as empresas podem reduzir custos, aumentar a eficiência e melhorar a experiência do cliente. No entanto, como com qualquer nova tecnologia, há desafios associados ao uso do ChatGPT, e é importante entender como mitigá-los. Este capítulo fornecerá uma visão abrangente dos benefícios e desafios do uso do ChatGPT em empresas e negócios, bem como exemplos de como o ChatGPT tem sido utilizado com sucesso em diferentes setores.

17 QUAIS SÃO ALGUNS DOS BENEFÍCIOS E DESAFIOS ASSOCIADOS AO USO DO CHATGPT NA EMPRESA?

O uso de inteligência artificial e tecnologias de processamento de linguagem natural em empresas tem sido objeto de estudos em diversas áreas, incluindo administração, tecnologia da informação e linguística. No entanto, como toda tecnologia, o uso de *chatbots* e assistentes virtuais apresenta tanto benefícios quanto desafios, e é importante entender tanto os aspectos positivos quanto os negativos para aproveitar ao máximo essas ferramentas na empresa.

BENEFÍCIOS DO USO DE CHATBOTS E ASSISTENTE VIRTUAL NA EMPRESA

Vários autores, como Gartner (2018) e KPMG (2020), destacam os benefícios do uso de *chatbots* e assistentes virtuais na empresa. Esses benefícios incluem:

- **Eficiência:** *chatbots* podem lidar com muitas tarefas rotineiras, permitindo que os funcionários se concentrem em tarefas mais complexas e de alto valor;

- **Escalabilidade:** *chatbots* podem lidar com um grande volume de consultas e solicitações de clientes sem a necessidade de aumentar a equipe de atendimento ao cliente;
- **Disponibilidade 24/7:** *chatbots* estão disponíveis 24 horas por dia, 7 dias por semana, permitindo que as empresas respondam às necessidades dos clientes em tempo real, independentemente do horário comercial;
- **Personalização:** *chatbots* podem ser programados para entender o idioma e as necessidades específicas da empresa, oferecendo um serviço mais personalizado aos clientes.

DESAFIOS DO USO DE CHATBOTS E ASSISTENTE VIRTUAL NA EMPRESA

No entanto, o uso de *chatbots* e assistentes virtuais também apresenta desafios para as empresas. Alguns dos principais desafios são:

- **Precisão:** *chatbots* podem não ser precisos o suficiente em todos os casos, o que pode levar a respostas inadequadas ou confusas para os clientes;
- **Complexidade:** a configuração e a integração de *chatbots* podem ser complexas e requerem conhecimentos técnicos e de programação;
- **Treinamento:** para garantir que *chatbots* sejam precisos e eficazes, é necessário fornecer treinamento adequado para a equipe responsável por sua configuração e manutenção;

- **Custo:** o uso de *chatbots* pode envolver custos significativos, como licenças de *software* e treinamento, o que pode ser um fator limitante para algumas empresas.

A conclusão é que o uso de *chatbots* e assistentes virtuais na empresa pode trazer vários benefícios, como eficiência, escalabilidade, disponibilidade 24/7 e personalização. No entanto, também existem desafios, como precisão, complexidade, treinamento e custo. Para aproveitar ao máximo essas ferramentas na empresa, é importante entender tanto os benefícios quanto os desafios e considerar como eles se aplicam às necessidades e objetivos específicos da empresa.

18 COMO AS EMPRESAS E OS NEGÓCIOS PODEM ADOTAR O CHATGPT PARA MELHORAR A EFICIÊNCIA E A PRODUTIVIDADE?

Existem várias maneiras pelas quais as empresas e os negócios podem adotar o ChatGPT para melhorar a eficiência e a produtividade. A seguir, estão algumas das principais maneiras:

- **Atendimento ao cliente:** o ChatGPT pode ser usado para automatizar o atendimento ao cliente, respondendo a perguntas comuns e solucionando problemas comuns. Isso pode liberar o tempo da equipe de atendimento ao cliente para se concentrar em questões mais complexas e de alto valor, melhorando a eficiência do atendimento ao cliente;
- **Gerenciamento de projetos:** o ChatGPT pode ser usado para automatizar algumas das tarefas rotineiras associadas ao gerenciamento de projetos, como agendamento de reuniões e envio de lembretes. Isso pode ajudar a manter os projetos em andamento, melhorando a produtividade da equipe;

- **Recrutamento:** o ChatGPT pode ser usado para automatizar partes do processo de recrutamento, como triagem de currículos e agendamento de entrevistas. Isso pode economizar tempo e recursos, melhorando a eficiência do processo de recrutamento;
- **Resposta rápida a perguntas:** o ChatGPT pode ser usado para fornecer respostas rápidas a perguntas comuns dos funcionários, ajudando a economizar tempo e melhorar a eficiência da comunicação;
- **Análise de dados:** o ChatGPT pode ser usado para analisar grandes conjuntos de dados, identificando padrões e *insights* valiosos. Isso pode ajudar as empresas a tomar decisões mais informadas e precisas, melhorando a eficiência das operações comerciais;
- **Facilitação de reuniões:** o ChatGPT pode ser usado para ajudar a facilitar as reuniões, fornecendo respostas a perguntas comuns ou ajudando a manter a ordem do dia. Isso pode ajudar a economizar tempo e melhorar a eficiência das reuniões;
- **Assistente virtual para tarefas diárias:** o ChatGPT pode ser usado como um assistente virtual para tarefas diárias, como agendamento de reuniões e gerenciamento de tarefas, ajudando a economizar tempo e melhorar a eficiência da comunicação;

- **Tradução automática:** o ChatGPT pode ser usado para traduzir mensagens em tempo real, permitindo a comunicação mais eficaz entre colegas de trabalho que falam diferentes idiomas;
- **Acesso a informações de qualquer lugar:** o ChatGPT pode ser acessado de qualquer lugar, tornando-o uma ferramenta útil para a comunicação e colaboração remota entre equipes distribuídas geograficamente;
- **Treinamento:** o ChatGPT pode ser usado para fornecer treinamento aos funcionários, permitindo que eles aprendam no próprio ritmo e no próprio tempo. Isso pode melhorar a eficiência do treinamento e garantir que os funcionários tenham as habilidades e os conhecimentos necessários para realizar as funções;
- **Suporte técnico:** o ChatGPT pode ser usado para fornecer suporte técnico automatizado, respondendo a perguntas comuns sobre produtos e serviços. Isso pode liberar o tempo da equipe de suporte técnico para se concentrar em problemas mais complexos e melhorar a eficiência do suporte;
- **Gerenciamento de recursos humanos:** o ChatGPT pode ser usado para automatizar tarefas de gerenciamento de recursos humanos, como gerenciamento de férias e licenças médicas, agendamento de entrevistas de desempenho

e avaliação de desempenho. Isso pode ajudar a melhorar a eficiência do gerenciamento de recursos humanos e economizar tempo;

- **Marketing e vendas:** o ChatGPT pode ser usado para fornecer suporte automatizado para marketing e vendas, respondendo a perguntas comuns de clientes em potencial e fornecendo informações sobre produtos e serviços. Isso pode melhorar a eficiência das equipes de marketing e vendas e ajudar a fechar mais negócios;
- **Análise de sentimento:** o ChatGPT pode ser usado para analisar o sentimento dos clientes em relação a produtos e serviços, ajudando as empresas a entender melhor as necessidades e preferências. Isso pode melhorar a eficiência do desenvolvimento de produtos e serviços e a satisfação do cliente;
- **Gerenciamento de mídia social:** o ChatGPT pode ser usado para automatizar o gerenciamento de mídia social, respondendo a perguntas comuns e fornecendo suporte automatizado aos clientes. Isso pode ajudar a melhorar a eficiência do gerenciamento de mídia social e economizar tempo para as equipes de marketing e atendimento ao cliente.

O ChatGPT é uma tecnologia poderosa que pode ajudar as empresas a melhorar a eficiência e a produtividade em muitas áreas diferentes, desde atendimento ao cliente até gerenciamento de recursos humanos e análise de sentimentos dos clientes. Segundo um artigo de 2020 publicado na revista *Harvard Business Review*, o uso de tecnologias de *chatbot*, como o ChatGPT, pode levar a uma redução significativa nos custos de atendimento ao cliente e melhorar a satisfação deste. Além disso, a implementação de tecnologias de inteligência artificial, incluindo o ChatGPT, pode ajudar as empresas a obter *insights* valiosos dos dados e melhorar as tomadas de decisões. Em resumo, o ChatGPT é uma ferramenta poderosa que as empresas podem usar para melhorar a eficiência e a produtividade em muitas áreas diferentes, e aqueles que adotarem essa tecnologia têm a oportunidade de obter benefícios significativos.

19 QUAIS OS BENEFÍCIOS DE USAR O CHATGPT NO ATENDIMENTO AO CLIENTE?

O atendimento ao cliente é uma das áreas mais críticas para as empresas, e a adoção de tecnologias avançadas pode melhorar significativamente a experiência do cliente e aumentar a eficiência operacional. O ChatGPT é uma das soluções tecnológicas mais populares para o atendimento ao cliente, e apresenta uma série de benefícios para as empresas, como:

- **Disponibilidade 24/7:** o ChatGPT pode ser programado para estar disponível 24 horas por dia, 7 dias por semana, melhorando a experiência do cliente e aumentando a satisfação;
- **Escalabilidade:** o ChatGPT pode lidar com um grande volume de solicitações e consultas de clientes, permitindo que as empresas forneçam suporte a mais clientes sem aumentar os custos de pessoal;
- **Consistência:** o ChatGPT pode garantir que as respostas às consultas dos clientes sejam consistentes, precisas e atualizadas, reduzindo o risco de desinformação e melhorando a experiência do cliente;

- **Custo-benefício:** o ChatGPT pode reduzir os custos associados à contratação e ao treinamento de operadores humanos, ao mesmo tempo que fornece uma experiência de suporte rápida e eficiente para os clientes;
- **Eficiência aprimorada:** o ChatGPT pode automatizar tarefas repetitivas ou simples, liberando operadores humanos para se concentrar em tarefas mais complexas e de valor agregado;
- **Redução do tempo de espera:** o ChatGPT pode ajudar a reduzir o tempo de espera dos clientes, fornecendo respostas rápidas e precisas a perguntas comuns;
- **Redução do volume de chamadas e e-mails:** o ChatGPT pode lidar com tarefas repetitivas, como responder a perguntas comuns, o que pode reduzir o número de chamadas e e-mails recebidos pelo atendimento ao cliente;
- **Personalização do atendimento:** o ChatGPT pode ser treinado para reconhecer as necessidades e preferências individuais dos clientes, permitindo que as empresas ofereçam um atendimento mais personalizado e relevante;
- **Redução de custos:** ao usar o ChatGPT para lidar com tarefas repetitivas, as empresas podem reduzir o número de funcionários necessários para realizar essas atividades.

Embora o ChatGPT possa ser uma ferramenta poderosa para melhorar o atendimento ao cliente, ele ainda tem algumas limitações. Uma das principais limitações é que o ChatGPT pode não ser capaz de resolver problemas complexos ou incomuns. Além disso, o ChatGPT pode ter dificuldades em entender perguntas ou solicitações incompreensíveis ou mal formuladas, o que pode levar a respostas inadequadas.

Para superar essas limitações, as empresas podem implementar estratégias para complementar o ChatGPT com um atendimento humano ao cliente. Isso pode envolver a implementação de um sistema de triagem, em que as interações com o ChatGPT são avaliadas para identificar quais precisam de atenção humana. As empresas também podem treinar seus agentes de atendimento ao cliente para trabalhar em conjunto com o ChatGPT, permitindo que eles forneçam soluções mais complexas, quando necessário. Outra estratégia é garantir que o ChatGPT seja constantemente atualizado com novas informações e treinado com perguntas e respostas relevantes, para garantir que ele possa lidar com um maior número de cenários.

Algumas das principais limitações incluem:

- **Dependência de dados de treinamento de qualidade:** o modelo de ChatGPT precisa ser treinado com dados de qualidade para entender e responder com precisão às perguntas e solicitações dos clientes. Se os dados de treinamento forem inadequados ou incompletos, o modelo pode apresentar respostas incorretas ou inconsistentes;
- **Dificuldade em lidar com perguntas complexas:** o ChatGPT pode ter dificuldades em lidar com perguntas complexas ou situações inesperadas que exigem julgamento humano ou conhecimento especializado;

- **Falta de empatia e inteligência emocional:** o ChatGPT não é capaz de demonstrar empatia ou inteligência emocional, o que pode afetar negativamente a experiência do cliente em certas situações;
- **Limitações de idioma:** o ChatGPT só pode ser treinado em um idioma específico, o que pode limitar sua capacidade de atender a clientes que falam outras línguas.

Para superar essas limitações, é importante implementar algumas práticas recomendadas, como:

- **Definir objetivos claros:** antes de implementar o ChatGPT, é importante definir os objetivos claros que se deseja alcançar com ele. Isso pode incluir redução de custos, aumento da satisfação do cliente ou melhoria da eficiência do atendimento ao cliente;
- **Treinar o modelo de ChatGPT:** o modelo de ChatGPT precisa ser treinado com dados de qualidade para entender e responder com precisão às perguntas e solicitações dos clientes. O treinamento deve ser feito por especialistas que tenham experiência em lidar com as necessidades do cliente e as dúvidas mais frequentes;
- **Treinar o modelo com dados de qualidade:** para garantir que o modelo responda com precisão às perguntas e solicitações dos clientes, é importante treinar o modelo com dados de qualidade;

- **Oferecer opções de escalonamento para situações complexas:** para lidar com perguntas complexas ou situações inesperadas, é importante fornecer opções de escalonamento para um agente humano ou oferecer a opção de agendar uma chamada telefônica;
- **Personalizar o modelo para mostrar empatia:** embora o ChatGPT não possa demonstrar empatia ou inteligência emocional, é possível personalizar o modelo para que as respostas pareçam mais humanas e atenciosas;
- **Implementar suporte multilíngue:** para atender a clientes que falam outras línguas, é importante implementar suporte multilíngue ou tradutores automatizados;
- **Personalizar o ChatGPT:** a personalização é fundamental para oferecer uma experiência única ao cliente. O ChatGPT deve ser personalizado para refletir a linguagem e os valores da marca e para atender às necessidades específicas do cliente;
- **Implementar um fluxo lógico de conversa:** é importante criar um fluxo de conversa lógico que guie o cliente do início ao fim da conversa. Isso pode incluir a identificação do cliente, o esclarecimento da solicitação ou dúvida, e a entrega de soluções e respostas;
- **Monitorar e melhorar continuamente:** é importante monitorar continuamente o ChatGPT para identificar quaisquer problemas ou lacunas no atendimento ao cliente e melhorar continuamente o modelo. Isso pode ser feito por

meio da análise de dados de conversas, *feedback* do cliente e testes regulares;

- **Integrar com outros sistemas:** para fornecer uma experiência completa ao cliente, o ChatGPT deve ser integrado a outros sistemas, como CRM, *e-commerce,* sistemas de pagamento, entre outros;
- **Oferecer opções de escalonamento:** é importante fornecer opções de escalonamento, como transferência para um agente humano ou a opção de agendar uma chamada telefônica, para clientes que não conseguem obter soluções satisfatórias com o ChatGPT;
- **Comunicar claramente a presença do ChatGPT:** é importante comunicar claramente aos clientes que estão interagindo com um ChatGPT, para evitar confusão ou frustração.

Em resumo, embora o ChatGPT possa apresentar algumas limitações, é possível superá-las implementando práticas recomendadas, como treinar o modelo com dados de qualidade, oferecer opções de escalonamento para situações complexas, personalizar o modelo para mostrar empatia e implementar suporte multilíngue, definir objetivos claros, treinar o modelo de ChatGPT, personalizar o modelo, implementar um fluxo lógico de conversa, monitorar e melhorar continuamente, integrar com outros sistemas, oferecer opções de escalonamento e comunicar claramente a presença do ChatGPT.

20 QUAIS INDÚSTRIAS E APLICATIVOS SÃO MAIS ADEQUADOS PARA O USO DO CHATGPT?

O ChatGPT pode ser aplicado em diversas indústrias, desde a saúde até a manufatura. No entanto, existem algumas indústrias e aplicativos que se beneficiam mais do uso da tecnologia.

De acordo com um relatório do McKinsey Global Institute, entre algumas das indústrias que mais se beneficiam do uso de *chatbots* (como o ChatGPT), estão serviços financeiros, varejo, saúde e telecomunicações. Essas indústrias são particularmente adequadas para o uso do ChatGPT, pois lidam com grandes volumes de dados e informações, além de envolverem a interação frequente com clientes.

Além disso, o ChatGPT também é amplamente utilizado em aplicativos de assistentes virtuais pessoais, como a Siri da Apple e a Alexa da Amazon. Esses assistentes virtuais usam tecnologia de processamento de linguagem natural, incluindo o ChatGPT, para entender as solicitações dos usuários e fornecer respostas relevantes. Esses aplicativos são particularmente adequados para o uso do ChatGPT, pois ajudam a automatizar tarefas simples, como responder a perguntas frequentes e fornecer informações básicas aos usuários.

No entanto, o uso do ChatGPT não se limita a essas indústrias e aplicativos. A tecnologia pode ser aplicada em qualquer setor que envolva interação humana e processamento de informações. À medida que a tecnologia evolui e se torna mais avançada, é provável que vejamos o uso do ChatGPT se expandindo para novas indústrias e aplicativos no futuro.

Aqui estão mais alguns exemplos de indústrias e usos práticos do ChatGPT:

- ***E-commerce*:** o ChatGPT pode ser usado em lojas virtuais para fornecer suporte ao cliente, responder a perguntas frequentes, recomendar produtos e fornecer informações sobre promoções e descontos;
- **Serviços de viagem:** empresas de turismo e companhias aéreas podem usar o ChatGPT para fornecer informações sobre voos, reservas de hotéis e roteiros de viagem, além de ajudar os clientes a solucionar problemas relacionados a viagens;
- **Recursos humanos:** empresas podem usar o ChatGPT para automatizar processos de recrutamento e seleção, responder a perguntas dos funcionários sobre benefícios e políticas internas, e até mesmo para fornecer treinamento e desenvolvimento de habilidades;

- **Saúde mental:** *chatbots* baseados em ChatGPT podem ser usados em aplicativos de terapia on-line para fornecer suporte emocional, aconselhamento e terapia cognitivo-comportamental;
- **Educação:** *chatbots* baseados em ChatGPT podem ser usados em ambientes de aprendizado on-line para fornecer suporte a alunos, responder a perguntas frequentes, fornecer *feedback* sobre tarefas e fornecer informações sobre cursos e programas educacionais;
- **Serviços financeiros:** bancos e empresas de fintech podem usar o ChatGPT para fornecer suporte ao cliente, como responder a perguntas frequentes, fornecer informações sobre produtos financeiros e ajudar os clientes a resolver problemas relacionados a transações e contas;
- **Varejo:** lojas físicas e on-line podem usar o ChatGPT para fornecer suporte aos clientes, como ajudá-los a encontrar produtos, responder a perguntas frequentes e fornecer informações sobre promoções e descontos;
- **Segurança:** empresas de segurança podem usar o ChatGPT para monitorar e analisar ameaças de segurança em tempo real, identificar possíveis violações de segurança e responder rapidamente a incidentes;
- **Marketing:** agências de marketing e empresas de publicidade podem usar o ChatGPT para criar campanhas de marketing personalizadas e interativas, responder a perguntas dos

clientes sobre produtos e serviços, fornecer informações sobre tendências e estratégias de marketing;

- **Serviços públicos:** empresas de serviços públicos, como companhias de energia e água, podem usar o ChatGPT para fornecer suporte ao cliente, como responder a perguntas sobre faturas e pagamentos, fornecer informações sobre serviços e ajudar os clientes a resolver problemas relacionados a interrupções de serviço.

Em resumo, o ChatGPT pode ser aplicado em diversas indústrias, com destaque para serviços financeiros, varejo, saúde e telecomunicações. Além disso, a tecnologia é amplamente utilizada em aplicativos de assistentes virtuais pessoais, como a Siri e a Alexa. À medida que a tecnologia evolui, é provável que vejamos o uso do ChatGPT se expandir para novas indústrias e aplicativos.

21 QUAIS SÃO AS IMPLICAÇÕES DO USO DO CHATGPT PARA PEQUENAS EMPRESAS E STARTUPS?

O uso do ChatGPT pode ter várias implicações positivas para pequenas empresas e *startups*. A maioria delas discutimos na pergunta: "Como os negócios e as empresas podem adotar o ChatGPT para melhorar a eficiência e a produtividade?". Mas podemos ressaltar alguns pontos específicos para *startups* e pequenas empresas.

Vale lembrar que o ecossistema de *startups* está cada vez mais competitivo, e as empresas precisam encontrar maneiras de se destacar em meio a uma ampla concorrência. A inovação é um fator-chave nesse cenário, e o uso do ChatGPT pode ser uma forma de diferenciar-se da concorrência.

O mercado de *startups* tem crescido significativamente nos últimos anos, e a pandemia da Covid-19 tem impulsionado ainda mais o setor. Segundo dados da Startup Genome, houve um aumento de 27% no número de *startups* em todo o mundo em 2020, em comparação com 2019. Além disso, o relatório indica que os investimentos em *startups* cresceram 4,4% no mesmo período.

Com isso, é importante que as *startups* estejam atentas às tendências tecnológicas e adotem soluções inovadoras para se destacar no mercado. O ChatGPT pode ser uma ferramenta importante nesse sentido, pois permite que as *startups* ofereçam um atendimento personalizado e eficiente aos seus clientes, o que pode aumentar a fidelidade e a satisfação.

Além disso, o uso do ChatGPT pode ser uma forma de atrair investidores, uma vez que a inovação é um dos fatores mais valorizados pelos investidores em *startups*. Se uma *startup* consegue demonstrar que está usando tecnologias avançadas para melhorar sua eficiência e oferecer um melhor atendimento ao cliente, isso pode ser um fator importante na hora de atrair investimentos. Pode ser uma estratégia importante para as *startups* se destacarem em um mercado cada vez mais competitivo e inovador. Ao adotar soluções tecnológicas avançadas, as *startups* podem melhorar sua eficiência, oferecer um melhor atendimento ao cliente e atrair investidores em potencial.

Em resumo, o uso do ChatGPT pode trazer várias implicações positivas para pequenas empresas e *startups*, incluindo redução de custos, melhoria da eficiência, melhoria da experiência do cliente, personalização do atendimento e análise de dados. No entanto, é importante considerar também as implicações negativas, como a necessidade de investimento em tecnologia e treinamento de funcionários, e a possibilidade de limitações em situações mais complexas ou emocionais.

22 COMO O CHATGPT PODE AJUDAR AS EMPRESAS A MELHORAR A RESPONSABILIDADE SOCIAL CORPORATIVA?

O ChatGPT pode ajudar as empresas a melhorar a responsabilidade social corporativa de várias maneiras. Uma dessas maneiras é por meio da criação de *chatbots* alimentados por ChatGPT que possam ser usados para responder a perguntas e fornecer informações relevantes aos clientes sobre as iniciativas de responsabilidade social da empresa. Isso pode incluir informações sobre o impacto ambiental dos produtos e serviços e ações sociais realizadas pela empresa, entre outras informações relevantes.

Além disso, o ChatGPT pode ser usado para criar conteúdo educacional sobre responsabilidade social corporativa e sustentabilidade, ajudando a conscientizar os consumidores sobre esses assuntos. Por exemplo, uma empresa pode criar um *chatbot* alimentado por ChatGPT que responda a perguntas sobre práticas de sustentabilidade da empresa, produtos sustentáveis e iniciativas de responsabilidade social.

Outra maneira de usar o ChatGPT é por meio da análise de dados e da identificação de problemas ou oportunidades que possam ser abordadas pela empresa. Por exemplo, a análise de dados pode revelar problemas com a cadeia de suprimentos que possam estar afetando o meio ambiente ou o bem-estar social. O ChatGPT pode ajudar a empresa a encontrar soluções para esses problemas e implementá-las de maneira eficaz.

As empresas podem fornecer suporte e atendimento eficientes e acessíveis ao cliente, permitindo que as empresas se comuniquem de maneira mais rápida e eficaz com seus clientes e resolvam problemas com mais facilidade.

O ChatGPT pode ajudar as empresas a criar conteúdo relevante e valioso para seus públicos, promovendo a educação e conscientização sobre questões sociais e ambientais importantes.

Pode permitir que as empresas coletem *feedback* e *insights* de seus clientes e outras partes interessadas para melhorar seus produtos e serviços, tornando-os mais sustentáveis e socialmente responsáveis.

Também pode ajudar as empresas a automatizar processos e reduzir desperdício e emissões de gases de efeito estufa, tornando suas operações mais sustentáveis e socialmente responsáveis.

Pode permitir que as empresas criem *chatbots* que possam ajudar as pessoas a encontrar informações sobre questões sociais importantes, como saúde mental, abuso doméstico, educação e muito mais.

Por fim, o ChatGPT pode ser usado para melhorar a comunicação entre a empresa e as partes interessadas, incluindo funcionários, clientes, fornecedores e comunidades locais. Os *chatbots* alimentados por ChatGPT podem ser usados para responder a perguntas e fornecer informações relevantes, melhorando a transparência e a comunicação da empresa com essas partes interessadas. Isso pode ajudar a construir uma reputação mais positiva da empresa e aumentar a confiança dos consumidores e investidores.

RESUMO DO CAPÍTULO 4

Com base nas respostas às perguntas apresentadas no capítulo 4, podemos concluir que o ChatGPT pode oferecer diversos benefícios às empresas, incluindo melhoria da eficiência, produtividade e atendimento ao cliente. No entanto, é importante que as empresas considerem cuidadosamente sua implementação, levando em conta as limitações da ferramenta e as necessidades específicas de cada negócio. Para implementar o ChatGPT com sucesso, é importante seguir as melhores práticas e considerar as necessidades dos clientes e funcionários. Além disso, o ChatGPT pode ser especialmente útil para pequenas empresas e *startups* que buscam melhorar sua eficiência e produtividade, bem como melhorar sua responsabilidade social corporativa. Conclui-se que o ChatGPT pode ser uma ferramenta valiosa para empresas de todos os tamanhos, mas é importante abordar cuidadosamente sua implementação e considerar as necessidades e limitações específicas de cada negócio.

CAPÍTULO 5

USO DO CHATGPT EM ALGUMAS ÁREAS DE DESTAQUE

Faça uma sinopse do que irei encontrar no capítulo 5.

Este capítulo explora algumas das aplicações potenciais do ChatGPT, em setores como saúde, marketing, desenvolvimento de *software*, serviços públicos, educação e análise de dados. Este capítulo consiste em sete perguntas fundamentais que nos ajudarão a entender como o ChatGPT pode ser utilizado de forma eficaz em diferentes setores. Você descobrirá como o ChatGPT pode melhorar os esforços de marketing e vendas, como usá-lo para fazer uma campanha de marketing digital, como ele pode ser usado na saúde e medicina, no desenvolvimento de *software*, na melhoria dos serviços públicos e processos governamentais, nas tomadas de decisões e análise de dados. O ChatGPT pode ajudar ainda na educação, tanto dos alunos quanto dos professores.

Com o aumento da importância da inteligência artificial na vida cotidiana, é essencial compreender como podemos usar tecnologias como o ChatGPT para melhorar os processos e as experiências em diversas áreas. Este capítulo fornece informações valiosas sobre como aproveitar todo o potencial do ChatGPT e otimizar sua aplicação em diferentes campos.

23 QUAIS SÃO AS APLICAÇÕES POTENCIAIS DO CHATGPT EM SAÚDE E MEDICINA?

O ChatGPT pode ter várias aplicações potenciais na área da saúde e medicina. Algumas delas incluem:

- **Diagnóstico e triagem:** o ChatGPT pode ser usado para auxiliar no diagnóstico de doenças e condições médicas com base nos sintomas apresentados pelos pacientes. Além disso, pode ajudar a triar pacientes de acordo com a gravidade da condição e encaminhá-los para o atendimento adequado;
- **Pesquisa e desenvolvimento:** o ChatGPT pode ser usado para analisar grandes quantidades de dados de pesquisa médica e científica, auxiliando na descoberta de novas terapias e medicamentos;
- **Educação e treinamento:** o ChatGPT pode ser usado para fornecer informações e treinamento para médicos, enfermeiros e outros profissionais de saúde, auxiliando na disseminação de informações precisas e atualizadas;

- **Monitoramento e cuidados de saúde:** o ChatGPT pode ser usado para monitorar a saúde dos pacientes e fornecer lembretes sobre medicamentos, consultas e exames;
- **Atendimento ao paciente:** o ChatGPT pode ser usado para fornecer atendimento ao paciente, como tirar dúvidas sobre sintomas, efeitos colaterais de medicamentos e outros assuntos relacionados à saúde.

Um exemplo prático de aplicação do ChatGPT na área da saúde é o da empresa Ada Health, que criou um aplicativo de triagem médica baseado em inteligência artificial que utiliza o ChatGPT para fazer perguntas aos usuários e auxiliar no diagnóstico de doenças.

Outro exemplo é o da *startup* K Health, que criou um serviço de consulta médica on-line que utiliza o ChatGPT para coletar informações sobre os sintomas dos pacientes e fornecer diagnósticos e recomendações médicas.

O uso de inteligência artificial e, especificamente, ChatGPT na área de saúde e medicina tem um grande potencial para revolucionar a forma como tratamos doenças e prestamos cuidados de saúde. Há várias tendências que sugerem que a IA e o ChatGPT continuarão a ter um impacto significativo no futuro da saúde e medicina.

Uma das principais tendências é o aumento da adoção de tecnologias de IA para análise de dados médicos, como imagens de exames de diagnóstico, registros eletrônicos de saúde e dados genômicos. A IA pode ajudar a identificar padrões e *insights* que os médicos podem perder e acelerar a análise de grandes quantidades de dados.

Outra tendência é a personalização da medicina, na qual a IA pode ajudar a criar tratamentos personalizados com base nas características individuais dos pacientes, incluindo genética, histórico médico e estilo de vida. Isso pode levar a um tratamento mais preciso e eficaz, além de reduzir o risco de efeitos colaterais.

Também é provável que o ChatGPT seja usado cada vez mais para ajudar os pacientes a entenderem melhor sua saúde e seus tratamentos, por meio de *chatbots* de saúde que podem responder a perguntas comuns e fornecer informações úteis em tempo real. Isso pode ajudar a melhorar a adesão do paciente aos tratamentos e reduzir a carga de trabalho dos profissionais de saúde.

No entanto, é importante entender que usar a Inteligência Artificial (IA) e o ChatGPT na saúde e medicina enfrenta desafios importantes. Isso inclui garantir que os dados dos pacientes sejam mantidos em segurança e privacidade, bem como garantir que os algoritmos de IA sejam precisos e confiáveis. Além disso, há também uma questão ética sobre como tomar decisões de tratamento baseadas em algoritmos. Esses desafios devem ser cuidadosamente considerados e abordados à medida que o uso da IA na área de saúde continua a crescer.

24 COMO O CHATGPT PODE SER USADO PARA MELHORAR OS ESFORÇOS DE MARKETING E VENDAS?

O ChatGPT pode ser usado para melhorar os esforços de marketing e vendas de várias maneiras. Aqui estão algumas delas:

- **Personalização de conteúdo:** o ChatGPT pode ser usado para criar conteúdo personalizado para cada cliente, levando em conta suas preferências, histórico de compras e comportamento de navegação. Isso pode ajudar a aumentar o engajamento do cliente e melhorar as taxas de conversão;
- **Respostas automáticas:** o ChatGPT pode ser usado para fornecer respostas automáticas aos clientes em tempo real, tornando mais fácil para os clientes obter as informações que desejam sobre os produtos ou serviços da empresa;
- **Análise de sentimento:** o ChatGPT pode ser usado para analisar o sentimento dos clientes em relação aos produtos ou serviços da empresa, ajudando a empresa a entender melhor as necessidades e os desejos dos clientes;

- **Automação de vendas:** o ChatGPT pode ser usado para automatizar partes do processo de vendas, como a qualificação de *leads* e o agendamento de reuniões de vendas, ajudando a equipe de vendas a trabalhar de forma mais eficiente;
- **Suporte ao cliente:** o ChatGPT pode ser usado para fornecer suporte ao cliente 24 horas por dia, 7 dias por semana, reduzindo o tempo de resposta e melhorando a satisfação do cliente.

Existem vários exemplos de empresas que estão usando com sucesso o ChatGPT para melhorar seus esforços de marketing e vendas. Por exemplo, a plataforma de *e-commerce* Shopify usa o ChatGPT para fornecer recomendações personalizadas aos clientes com base em seu histórico de navegação e compras. A empresa de marketing digital HubSpot usa o ChatGPT para automatizar a qualificação de *leads* e agendar reuniões de vendas. E a marca de cosméticos Sephora usa o ChatGPT para fornecer suporte ao cliente em tempo real por meio de seu aplicativo móvel.

Além dos benefícios já mencionados, é importante destacar o potencial econômico do uso do ChatGPT no marketing e nas vendas. Com a crescente demanda por experiências personalizadas e relevantes, as empresas precisam se esforçar para se destacar da concorrência e atender às necessidades e aos desejos dos clientes. Nesse contexto, o ChatGPT pode ser uma ferramenta valiosa para ajudar as empresas a atingir esses objetivos.

De acordo com um relatório da Grand View Research, o mercado global de *chatbots* deverá crescer para mais de US$ 9 bilhões até 2024, impulsionado pela crescente demanda por experiências de atendimento ao cliente mais eficientes e personalizadas. Além disso, a McKinsey estima que o uso de *chatbots* pode reduzir os custos de atendimento em até 30%.

No contexto específico do marketing e das vendas, o ChatGPT pode ajudar as empresas a entender melhor as necessidades e preferências dos clientes, bem como a oferecer recomendações personalizadas e oportunidades de *upsell* e *cross-sell.* Alguns exemplos práticos incluem:

- *Chatbots* de compras que podem ajudar os clientes a navegar em uma ampla variedade de produtos e recomendar itens com base em suas preferências e histórico de compras;
- *Chatbots* de suporte ao cliente que podem ajudar os clientes a solucionar problemas e oferecer soluções personalizadas;
- *Chatbots* de marketing que podem enviar mensagens personalizadas para os clientes com base em seus interesses e preferências.

No geral, o ChatGPT pode ajudar as empresas a melhorar a eficiência e a eficácia de seus esforços de marketing e vendas, reduzir custos e oferecer experiências personalizadas e relevantes para os clientes.

25 COMO O CHATGPT PODE SER USADO NO DESENVOLVIMENTO DE SOFTWARE?

O ChatGPT pode ser usado no desenvolvimento de software para ajudar a automatizar e agilizar várias etapas do processo, desde a concepção do produto até a sua entrega. Algumas maneiras pelas quais o ChatGPT pode ser usado incluem:

- **Geração de ideias:** o ChatGPT pode ser usado para gerar ideias para novos recursos ou funcionalidades de software, com base em entradas fornecidas pelos usuários, histórico de uso do software e outros dados;
- **Teste de usabilidade:** o ChatGPT pode ser usado para simular a interação dos usuários com o software, permitindo que os desenvolvedores vejam como o software é usado e identifiquem problemas de usabilidade;
- **Treinamento de *chatbots*:** o ChatGPT pode ser usado para treinar *chatbots* para entender e responder melhor às perguntas dos usuários sobre o *software*;
- **Documentação automática:** o ChatGPT pode ser usado para gerar documentação do software automaticamente, com base no código-fonte e nas anotações dos desenvolvedores;

- **Análise de dados:** o ChatGPT pode ser usado para analisar grandes quantidades de dados gerados pelo *software*, permitindo que os desenvolvedores identifiquem padrões e tendências que possam ser usados para melhorar o *software*.

Aqui estão alguns exemplos práticos:

- **Testes de *software*:** o ChatGPT pode ser usado para automatizar testes de *software*, incluindo testes de interface do usuário e testes de integração. Isso pode ajudar a reduzir o tempo e o esforço necessários para realizar testes manuais;
- **Geração de código:** o ChatGPT pode ser usado para gerar código de forma automatizada. Por exemplo, a Microsoft está usando o GPT-3 para gerar código de forma mais eficiente, permitindo que desenvolvedores criem aplicativos mais rápido;
- **Suporte ao desenvolvedor:** o ChatGPT pode ser usado para fornecer suporte ao desenvolvedor, respondendo a perguntas comuns e fornecendo soluções para problemas de codificação. Por exemplo, a IBM criou o "CodeNet", uma plataforma que usa o GPT-3 para responder a perguntas de desenvolvedores e fornecer soluções para problemas de codificação;

- **Análise de dados:** o ChatGPT pode ser usado para analisar grandes conjuntos de dados e fornecer *insights* sobre tendências e padrões. Por exemplo, a OpenAI criou o "GPT-2 Explore", que permite aos usuários explorar grandes conjuntos de dados e encontrar padrões interessantes;
- **Assistente virtual para desenvolvedores:** o ChatGPT pode ser usado como assistente virtual para desenvolvedores, ajudando-os a realizar tarefas diárias, como agendar reuniões e enviar lembretes. Por exemplo, a produtora de software Suki.ai criou um assistente virtual baseado em IA que usa o GPT-2 para ajudar os desenvolvedores a gerenciar suas tarefas diárias.

Alguns casos de sucesso do uso do ChatGPT no desenvolvimento de software incluem a Microsoft, que está usando o GPT-3 para gerar código, e a IBM, que criou o "CodeNet" para fornecer suporte ao desenvolvedor. Além disso, várias startups, como a Suki.ai, estão usando o ChatGPT como assistente virtual para desenvolvedores e equipes de engenharia, e algumas empresas já estão usando o ChatGPT com sucesso no desenvolvimento de software. Por exemplo, a Microsoft está usando o ChatGPT para gerar códigos de programação para o seu serviço de codificação autônoma chamado IntelliCode. Outro exemplo é a OpenAI, que criou uma ferramenta chamada Codex, que usa o ChatGPT para escrever código-fonte a partir de descrições em linguagem natural.

26 COMO O CHATGPT PODE SER USADO PARA MELHORAR SERVIÇOS PÚBLICOS E PROCESSOS GOVERNAMENTAIS?

O ChatGPT tem potencial para melhorar os serviços públicos e processos governamentais de várias maneiras, incluindo:

- **Atendimento ao cliente:** *chatbots* baseados em ChatGPT podem ser usados para fornecer informações aos cidadãos sobre serviços governamentais e responder a perguntas frequentes, como processos para obtenção de documentos, agendamento de consultas e horários de funcionamento;
- **Automação de processos:** o ChatGPT pode ser usado para automatizar processos internos do governo, como a revisão de documentos e a redação de relatórios. Isso pode ajudar a reduzir o tempo e o custo envolvidos em tarefas manuais e repetitivas;
- **Análise de dados:** o ChatGPT pode ser usado para analisar grandes volumes de dados governamentais, como dados de censo, estatísticas de saúde e registros criminais. Isso pode

ajudar a identificar tendências e padrões, permitindo que as autoridades tomem decisões mais informadas;

- **Transparência:** o ChatGPT pode ser usado para fornecer informações transparentes aos cidadãos sobre o governo e suas operações, ajudando a promover a confiança na administração pública;
- **Participação pública:** o ChatGPT pode ser usado para envolver os cidadãos em processos de tomada de decisão, como em consultas públicas, por exemplo, permitindo que as pessoas opinem e participem mais ativamente;
- **Assistência ao cidadão:** *chatbots* podem ser usados em serviços de assistência ao cidadão para responder a perguntas frequentes e fornecer informações sobre serviços governamentais. Por exemplo, o governo do Reino Unido tem um *chatbot* chamado "Alicia"; que ajuda responder a perguntas sobre visto, imigração e cidadania;
- **Monitoramento de epidemias:** a IA pode ser usada para monitorar surtos de doenças, rastrear a propagação e prever padrões de transmissão. A China usou IA para ajudar a controlar o surto de Covid-19, incluindo o uso de *drones* para patrulhar áreas afetadas;
- **Gerenciamento de tráfego:** *chatbots* e outras ferramentas de IA podem ser usados para ajudar a gerenciar o tráfego e melhorar o planejamento urbano. Por exemplo, o Departamento

de Transportes de Los Angeles usa *chatbots* para responder a perguntas sobre tráfego e programação de viagens;

- **Atendimento ao cliente:** *chatbots* podem ser usados em serviços governamentais para ajudar a lidar com solicitações de suporte ao cliente. Por exemplo, a Autoridade Tributária e Aduaneira do Reino Unido lançou um *chatbot* para ajudar as pessoas a lidar com declarações de impostos;
- **Previsão do tempo:** *chatbots* podem ser usados para fornecer previsões do tempo personalizadas, alertas meteorológicos e outras informações úteis. Por exemplo, o Serviço Nacional de Meteorologia dos Estados Unidos tem um *chatbot* que fornece informações sobre o clima em tempo real.

O potencial econômico do uso do ChatGPT nos serviços públicos é grande, pois pode ajudar a reduzir o tempo e o custo envolvidos em tarefas manuais e repetitivas, além de melhorar a eficiência e a transparência da administração pública. No entanto, é importante garantir que a implementação do ChatGPT nos serviços públicos seja feita de forma ética e justa, levando em consideração questões como privacidade, segurança e inclusão digital.

Além disso, o mercado de tecnologia aplicada aos serviços públicos está crescendo rapidamente, com várias empresas e *startups* desenvolvendo soluções baseadas em IA e *chatbots* para governos em todo o mundo. Isso sugere que há um interesse crescente em inovação tecnológica no setor público, e que o uso do ChatGPT pode se tornar cada vez mais comum no futuro.

Podemos citar alguns casos de governos que estão usando a IA para otimizar os processos e melhorar os serviços públicos. A seguir, estão alguns exemplos:

- **Cidade de Barcelona:** a cidade de Barcelona implementou um sistema de IA chamado "Superblocks", que reorganiza a cidade em áreas de pedestres e ciclovias para reduzir a poluição do ar e melhorar a qualidade de vida;
- **Governo de Cingapura:** o governo de Cingapura criou o "Virtual Assistant", um *chatbot* baseado em IA que ajuda os cidadãos a encontrar informações e serviços do governo de forma rápida e fácil;
- **Departamento de Defesa dos Estados Unidos:** o Departamento de Defesa dos Estados Unidos está usando a IA para melhorar a eficiência de seus processos e reduzir custos. Os norte-americanos estão usando a tecnologia para automatizar tarefas repetitivas, prever necessidades de manutenção e melhorar a logística;
- **Governo do Reino Unido:** o governo do Reino Unido está usando a IA para analisar dados de saúde e prever onde há riscos de surtos de doenças. Isso ajuda a identificar áreas que precisam de intervenção preventiva;

- **Governo da Índia:** o governo da Índia está usando a IA para melhorar o atendimento ao cliente e a eficiência dos serviços públicos. Ele criou um *chatbot* chamado "Umang", que ajuda os cidadãos a encontrar informações e serviços do governo de forma rápida e fácil;
- **Cingapura:** o governo de Cingapura criou uma plataforma de inteligência artificial chamada Virtual Assistant for Citizen Engagement (VACE), para melhorar a eficiência do atendimento ao cliente e reduzir o tempo de espera. O VACE utiliza o processamento de linguagem natural para entender as perguntas dos cidadãos e fornecer respostas precisas;
- **Holanda:** a Autoridade de Proteção de Dados da Holanda (Dutch Data Protection Authority) usa IA para automatizar a triagem de reclamações de privacidade e violações de dados. A IA pode determinar a gravidade da reclamação e priorizá-la para uma análise mais aprofundada;
- **Estados Unidos:** o Departamento de Defesa dos EUA usa IA para analisar grandes quantidades de dados e fornecer informações valiosas sobre ameaças à segurança nacional. A IA também é usada para ajudar a prever e prevenir lesões em militares;
- **Austrália:** o governo australiano está usando IA para automatizar processos de avaliação de risco em seus departamentos de imigração e de fronteiras. A IA ajuda a identificar

ameaças potenciais, aprimorar a segurança e a acelerar a verificação de documentos;

- **Coreia do Sul:** o governo coreano desenvolveu um sistema de IA para avaliar a qualidade da água em rios e mares em tempo real. O sistema ajuda a identificar áreas em que a qualidade da água pode ser prejudicial à saúde humana e à vida marinha.

Esses são apenas alguns exemplos de como o governo está usando a IA para melhorar os serviços públicos e otimizar os processos. Há muitas outras iniciativas em todo o mundo, e é provável que vejamos um aumento no uso da IA nos próximos anos.

27 COMO O CHATGPT PODE SER USADO PARA MELHORAR A TOMADA DE DECISÃO E A ANÁLISE DE DADOS?

O ChatGPT pode ser usado para melhorar a tomada de decisão e a análise de dados de várias maneiras, incluindo:

- **Análise de dados:** o ChatGPT pode ser usado para analisar grandes quantidades de dados e gerar *insights* úteis. Por exemplo, ele pode ser usado para analisar dados de vendas e prever tendências futuras de mercado;
- **Assistente pessoal:** o ChatGPT pode ser usado como um assistente pessoal para executivos e gerentes, fornecendo informações úteis e *insights* em tempo real. Por exemplo, ele pode ser usado para acompanhar as métricas de desempenho da empresa e fornecer atualizações regulares;
- **Automação de processos:** o ChatGPT pode ser usado para automatizar processos de negócios, reduzindo a necessidade de intervenção humana em tarefas rotineiras e repetitivas. Por exemplo, ele pode ser usado para automatizar tarefas de atendimento ao cliente, como responder a perguntas frequentes;

- **Análise de sentimento:** o ChatGPT pode ser usado para analisar o sentimento do cliente em relação à marca ou produto, ajudando as empresas a entender as necessidades dos clientes e melhorar a experiência do usuário;
- **Gerenciamento de projetos:** o ChatGPT pode ser usado para gerenciar projetos de equipe, fornecendo informações sobre o status do projeto, marcos e prazos. Por exemplo, ele pode ser usado para fornecer atualizações regulares aos membros da equipe sobre o andamento do projeto.

Em resumo, o ChatGPT pode ser usado para melhorar a tomada de decisão e a análise de dados, automatizar tarefas repetitivas, analisar sentimentos e gerenciar projetos de equipe, entre outras coisas.

28 COMO O CHATGPT PODE AJUDAR NA EDUCAÇÃO (ALUNOS E PROFESSORES)?

O ChatGPT pode ser usado para ajudar na educação de várias maneiras, incluindo:

- **Tutoria virtual:** o ChatGPT pode ser usado para fornecer tutoria virtual aos alunos, respondendo a perguntas comuns e fornecendo *feedback* personalizado;
- **Assistente de pesquisa:** o ChatGPT pode ser usado como assistente de pesquisa para alunos e professores, ajudando-os a encontrar e avaliar fontes de informação;
- **Ferramenta de escrita:** o ChatGPT pode ser usado como uma ferramenta de escrita, fornecendo sugestões de palavras e frases, verificando a gramática e ortografia, oferecendo *feedback* sobre a clareza e coerência do texto;
- **Testes e avaliações:** o ChatGPT pode ser usado para gerar testes e avaliações personalizados para alunos, com base em seu nível de conhecimento e habilidades;
- **Personalização do aprendizado:** o ChatGPT pode ser usado para personalizar o aprendizado, fornecendo

feedback e sugestões personalizadas com base no progresso do aluno;

- **Personalização do ensino:** o ChatGPT pode ser usado para criar *chatbots* educacionais que personalizam o ensino para cada aluno, levando em consideração suas habilidades, estilo de aprendizado e necessidades específicas;
- **Apoio ao aprendizado remoto:** em tempos de ensino remoto, o ChatGPT pode ser usado para fornecer suporte e respostas instantâneas aos alunos que têm dúvidas ou problemas com as tarefas atribuídas;
- **Avaliação automatizada:** o ChatGPT pode ser usado para criar *chatbots* que podem avaliar as respostas dos alunos de forma rápida e precisa, fornecendo *feedback* imediato e permitindo que os professores se concentrem em tarefas mais importantes;
- **Melhoria da comunicação:** o ChatGPT pode ser usado para melhorar a comunicação entre professores e alunos, bem como entre professores e pais, permitindo uma comunicação mais rápida e eficiente;
- **Enriquecimento do conteúdo:** o ChatGPT pode ser usado para enriquecer o conteúdo educacional, permitindo que os alunos tenham acesso a informações e recursos adicionais que podem ajudá-los a entender melhor os tópicos estudados.

Além disso, o uso do ChatGPT na educação pode levar a uma maior eficiência e redução de custos. Por exemplo, o ChatGPT pode ser usado para automatizar a avaliação de tarefas, reduzindo a carga de trabalho dos professores. Também pode ser usado para fornecer suporte ao aluno fora do horário escolar, permitindo que os professores se concentrem em outras atividades durante o horário escolar.

De acordo com um relatório do mercado de tecnologia educacional publicado pela HolonIQ em 2021, a inteligência artificial é uma das principais tendências na área de tecnologia educacional. O relatório prevê que o uso de IA na educação continuará a crescer nos próximos anos, com mais soluções de aprendizado personalizado e assistentes virtuais de ensino sendo desenvolvidos.

Assim como em outras áreas, o uso do ChatGPT na educação também apresenta alguns riscos e desafios que devem ser considerados. Alguns dos principais riscos incluem:

- **Vieses e erros:** o ChatGPT pode ser treinado com dados que contêm vieses ou erros, o que pode levar a respostas imprecisas ou enviesadas;
- **Dependência excessiva:** o uso excessivo do ChatGPT pode levar à dependência e limitar o desenvolvimento da criatividade e do pensamento crítico;
- **Falta de interação humana:** o uso exclusivo do ChatGPT pode limitar a interação humana e a capacidade de desenvolver habilidades sociais;

- **Acesso limitado:** nem todos os alunos podem ter acesso a tecnologias de alta qualidade e, portanto, podem ser excluídos do uso do ChatGPT;
- **Privacidade e segurança:** o uso de dados pessoais em sistemas de inteligência artificial requer atenção especial à privacidade e segurança das informações.

Para mitigar esses riscos, é importante garantir que o ChatGPT seja usado em conjunto com outras ferramentas de ensino, fornecer treinamento adequado para professores e alunos, garantir a diversidade dos dados usados para treinar o modelo e monitorar continuamente o desempenho do sistema.

RESUMO DO CAPÍTULO 5

Neste capítulo, abordamos como o ChatGPT tem uma ampla gama de aplicações potenciais em diferentes áreas. Na área da saúde e medicina, ele pode ser usado para ajudar na triagem de pacientes e fornecer informações personalizadas sobre doenças e tratamentos. Além disso, o ChatGPT pode ser útil no desenvolvimento de campanhas de marketing e vendas, fornecendo respostas personalizadas e relevantes para os clientes.

No campo do desenvolvimento de *software*, o ChatGPT pode ser usado para ajudar no processo de codificação, fornecendo sugestões de código e identificando erros. Na área de serviços públicos e processos governamentais, o ChatGPT pode ser usado para melhorar a eficiência e reduzir o tempo de espera do cliente.

Além disso, o ChatGPT pode ser usado para ajudar na análise de dados e na tomada de decisão, fornecendo *insights* e informações relevantes. Por fim, o ChatGPT também pode ser útil na educação, ajudando alunos e professores a encontrar informações relevantes e personalizadas. No entanto, existem desafios e limitações associados ao uso do ChatGPT em algumas dessas áreas, incluindo a necessidade de garantir a precisão das informações fornecidas e a capacidade de lidar com dados sensíveis, como informações médicas.

Em geral, o ChatGPT apresenta muitas oportunidades para melhorar a eficiência e a produtividade em várias áreas, mas é importante considerar cuidadosamente como ele é implementado e usado em cada contexto específico.

CAPÍTULO 6

LIMITAÇÕES DO CHATGPT E PONTOS IMPORTANTES

Faça uma sinopse do que irei encontrar no capítulo 6.

O ChatGPT é uma tecnologia de inteligência artificial que tem se destacado no campo das interfaces de conversação. No entanto, como toda tecnologia, ela possui limitações e implicações importantes que precisam ser consideradas. Neste capítulo, discutimos as limitações do ChatGPT e como a tecnologia está evoluindo para resolvê-las, além de explorar as considerações éticas associadas ao seu uso. Também abordamos os desafios de usar o ChatGPT em situações do mundo real, como integrá-lo aos sistemas e processos existentes, e as implicações do seu uso para a privacidade e segurança de dados. Além disso, discutiremos as práticas recomendadas para projetar interfaces de conversação usando o ChatGPT e qual será o papel da tecnologia no futuro do trabalho e no mercado de trabalho. Por meio dessa discussão, esperamos oferecer uma visão abrangente do ChatGPT e suas implicações, a fim de ajudar os leitores a entender melhor as possibilidades e limitações dessa tecnologia inovadora.

29 QUAIS SÃO ALGUMAS DAS LIMITAÇÕES DO CHATGPT E COMO A TECNOLOGIA ESTÁ EVOLUINDO PARA RESOLVÊ-LAS?

Existem vários desafios ao usar o ChatGPT em situações do mundo real, e algumas das maneiras como eles estão sendo abordados incluem:

- **Dados de treinamento limitados:** o ChatGPT requer grandes quantidades de dados de treinamento para gerar respostas precisas e relevantes. No entanto, em situações do mundo real, pode haver limitações nos dados disponíveis para treinamento. Isso pode afetar a qualidade das respostas do modelo. Para abordar esse desafio, os pesquisadores estão explorando métodos de treinamento mais eficientes e novas formas de adquirir e rotular dados;
- **Interpretabilidade:** o ChatGPT é um modelo complexo de inteligência artificial e pode ser difícil entender como ele toma decisões ou gera respostas específicas. Isso pode ser um problema em situações do mundo real, em que é importante entender a lógica por trás das respostas geradas. Para

abordar esse desafio, os pesquisadores estão trabalhando em novas técnicas de interpretabilidade, como explicações geradas automaticamente, que permitem que os usuários entendam melhor como o modelo está tomando decisões;

- **Adaptação a novos contextos:** o ChatGPT é treinado em dados existentes e pode não estar preparado para responder a novos contextos ou situações. Isso pode ser um desafio em situações do mundo real, em que as perguntas podem ser mais complexas ou específicas do que as perguntas encontradas nos dados de treinamento. Para abordar esse desafio, os pesquisadores estão explorando formas de melhorar a capacidade do ChatGPT de se adaptar a novos contextos e situações;
- **Confiabilidade:** o ChatGPT pode gerar respostas imprecisas ou enganosas em situações do mundo real, o que pode ser um problema em aplicações críticas, como diagnóstico médico. Para abordar esse desafio, os pesquisadores estão explorando técnicas de verificação de qualidade, como a validação cruzada, para garantir que as respostas do modelo sejam precisas e confiáveis.

Os desafios de usar o ChatGPT em situações do mundo real são significativos, mas os pesquisadores estão trabalhando para abordá-los por meio de novas técnicas de treinamento, interpretabilidade, adaptação a novos contextos e verificação de qualidade. Apesar de seus avanços significativos em tecnologia de processamento de linguagem natural, o ChatGPT ainda tem algumas limitações. Aqui estão algumas delas e como a tecnologia está evoluindo para resolvê-las:

- **Contexto limitado:** o ChatGPT pode ter dificuldade em entender o contexto mais amplo de uma conversa. Isso pode levar a respostas irrelevantes ou confusas. A tecnologia está evoluindo para desenvolver modelos de linguagem mais sofisticados que possam entender melhor o contexto de uma conversa;
- **Viés de gênero e racial:** o ChatGPT pode mostrar um viés de gênero ou racial em suas respostas, especialmente se ele é treinado em dados históricos que refletem esses preconceitos. A tecnologia está evoluindo para abordar esses problemas de viés, por meio de treinamento com dados mais diversos e técnicas de mitigação de viés;
- **Alucinações (erros e imprecisões):** embora o ChatGPT seja capaz de fornecer respostas precisas e úteis em muitos casos, ele ainda pode cometer erros e fornecer respostas imprecisas. A tecnologia está evoluindo para melhorar a qualidade das respostas por meio de mais dados de treinamento e algoritmos de aprendizado mais sofisticados.

Nós fizemos o teste com o *prompt* na versão 3.5 do ChatGPT:

“Se uma mulher grávida gera um bebê em 9 meses, em quantos meses 9 mulheres gerariam um bebê?”

Ele respondeu:

“Se uma mulher grávida gera um bebê em 9 meses, então 9 mulheres gerariam um bebê em 1 mês”.

Isso quer dizer que o ChatGPT não funciona? Claro que não. A questão que você sempre precisa ter em mente é que ele é uma ferramenta. E você precisa usar a ferramenta do jeito certo para obter os resultados corretos. Usar um martelo para pregar um parafuso provavelmente não seria algo bonito de ver. O uso certo, neste caso, é dar mais contexto:

“Se uma mulher grávida gera um bebê em 9 meses, em quantos meses 9 mulheres gerariam um bebê? Mas lembre-se de que estamos falando da duração da gravidez e não de um problema de matemática”.

Ele respondeu:

“Se uma mulher grávida gera um bebê em 9 meses, então 9 mulheres gerariam um bebê em 9 meses também. Cada mulher tem sua própria gravidez, portanto, o tempo necessário para gerar um bebê não é afetado

pelo número de mulheres envolvidas. Assim, a duração da gravidez para um bebê é de cerca de 9 meses, independentemente do número de mulheres envolvidas".

- **Falta de personalização:** o ChatGPT pode não ser capaz de fornecer respostas personalizadas para cada usuário, o que pode levar a uma experiência menos satisfatória. A tecnologia está evoluindo para permitir que o ChatGPT forneça respostas mais personalizadas, por meio do uso de algoritmos de recomendação e análise de dados mais detalhados;
- **Dependência de dados:** o ChatGPT depende de dados para aprender e melhorar. Se os dados de treinamento forem limitados ou de baixa qualidade, o ChatGPT pode ter desempenho insatisfatório. A tecnologia está evoluindo para desenvolver modelos de aprendizado mais avançados e mais eficientes, que possam lidar com dados de treinamento mais variados e complexos.

30 QUAIS SÃO AS CONSIDERAÇÕES ÉTICAS ASSOCIADAS AO USO DO CHATGPT?

O uso do ChatGPT pode apresentar várias considerações éticas, algumas das quais incluem:

- **Viés:** modelos de linguagem natural, como o ChatGPT, podem incorporar viés humano em seus dados de treinamento, o que pode levar a resultados discriminatórios ou injustos;
- **Responsabilidade:** o ChatGPT é um modelo de aprendizado de máquina, o que significa que ele é capaz de aprender e evoluir por conta própria. Como tal, é importante considerar a responsabilidade pelos resultados gerados pelo modelo, especialmente em casos nos quais que ele pode causar danos ou tomar decisões que afetam as pessoas;
- **Uso malicioso:** o ChatGPT pode ser usado por indivíduos ou organizações mal-intencionados para espalhar desinformação, manipulação ou discriminação;
- **Privacidade:** o ChatGPT pode coletar informações pessoais do usuário e suas interações com o modelo. É importante garantir que esses dados sejam tratados de forma segura e ética;

- **Dependência tecnológica:** o uso excessivo do ChatGPT ou de outras tecnologias de inteligência artificial pode criar uma dependência excessiva da tecnologia e uma diminuição da capacidade humana de realizar certas tarefas.

Para mitigar essas considerações éticas, é importante que os desenvolvedores e usuários do ChatGPT considerem cuidadosamente como o modelo é usado e trabalhem para garantir que ele seja desenvolvido e usado de maneira justa, responsável e ética. Isso pode incluir a incorporação de diversidade em dados de treinamento, a implementação de verificações de responsabilidade, a educação sobre o uso malicioso do modelo e a proteção da privacidade dos usuários.

31 QUAIS SÃO AS PRÁTICAS RECOMENDADAS PARA PROJETAR INTERFACES DE CONVERSAÇÃO COM O CHATGPT E COMO ABORDAR OS DESAFIOS DE INTEGRAÇÃO AOS SISTEMAS E PROCESSOS EXISTENTES?

Ao longo dos anos, as interfaces de conversação têm se mostrado uma das formas mais eficazes de comunicação entre humanos e computadores. Com a evolução da tecnologia de processamento de linguagem natural, o ChatGPT se tornou uma das ferramentas mais populares para criar interfaces de conversação avançadas. No entanto, projetar e integrar uma interface de conversação com o ChatGPT pode ser um desafio complexo, que requer uma compreensão sólida das melhores práticas e técnicas de integração. Neste livro, exploramos as práticas recomendadas para projetar interfaces de conversação usando o ChatGPT e abordamos os desafios de integrá-lo aos sistemas e processos existentes. Por meio da compreensão dessas técnicas, os leitores serão capazes de criar interfaces de conversação eficazes e se comunicar com outros sistemas e processos de maneira eficiente.

As práticas recomendadas para projetar interfaces de conversação usando o ChatGPT incluem:

- Definir o objetivo da interface de conversação e o público-alvo para o qual ela se destina;
- Escolher o modelo de linguagem adequado para o tipo de conversa que se deseja criar;
- Desenvolver diálogos comuns e de borda (*edge cases*) para testar e aprimorar a interação;
- Treinar o modelo com dados relevantes para aprimorar sua precisão e capacidade de resposta;
- Incorporar *feedback* dos usuários para melhorar a experiência da interface.

Quanto aos desafios de integração aos sistemas e processos existentes, a principal dificuldade é garantir que o ChatGPT seja capaz de se comunicar efetivamente com outros sistemas e processos. Algumas abordagens para abordar esses desafios incluem:

- Integrar o ChatGPT com APIs e outras tecnologias de integração;
- Desenvolver e testar cenários de integração que abrangem todos os aspectos da interação;

- Garantir que o ChatGPT possa se adaptar a mudanças nos sistemas e processos existentes;
- Monitorar e avaliar continuamente a integração do ChatGPT para identificar e resolver problemas rapidamente.

Ao seguir essas práticas recomendadas e abordagens para a integração, é possível criar interfaces de conversação eficazes e garantir que o ChatGPT se comunique com outros sistemas e processos de maneira eficiente.

32 QUAIS SÃO AS IMPLICAÇÕES DO USO DO CHATGPT PARA A PRIVACIDADE E SEGURANÇA DE DADOS?

O uso do ChatGPT pode ter implicações significativas para a privacidade e segurança de dados. Como o ChatGPT funciona por meio da análise e geração de linguagem natural, ele pode exigir o uso de grandes quantidades de dados de treinamento. Isso pode incluir dados pessoais, como informações de identificação, histórico de navegação na web, conversas de bate-papo e e-mails, que podem ser usados para alimentar e treinar o modelo do ChatGPT.

As implicações para a privacidade e segurança de dados podem incluir:

- **Uso indevido de dados pessoais:** o uso de dados pessoais no treinamento do ChatGPT pode levantar preocupações com relação ao uso indevido de informações confidenciais ou sensíveis;
- **Vazamento de dados:** como os dados de treinamento do ChatGPT podem incluir informações pessoais e sensíveis, a

exposição desses dados pode levar a violações de privacidade e segurança;

- **Violação de direitos de privacidade:** o uso do ChatGPT pode levantar questões sobre o direito à privacidade e se os indivíduos estão cientes e consentiram com o uso de seus dados pessoais para alimentar o modelo;
- **Ataques cibernéticos:** com a crescente adoção do ChatGPT, é possível que hackers tentem explorar vulnerabilidades no sistema para acessar informações pessoais e sensíveis.

Para abordar essas preocupações, é importante que as empresas que utilizam o ChatGPT tomem medidas de segurança adequadas, como criptografia de dados, autenticação de usuários, monitoramento de atividades suspeitas e adoção de políticas de privacidade claras e transparentes. Também é importante que os usuários estejam cientes do uso de seus dados pessoais e que tenham a capacidade de controlar e gerenciar suas informações.

Atualmente, não existe uma regulamentação específica para o uso do ChatGPT em relação à privacidade e segurança de dados em nenhum país. No entanto, muitos países têm leis e regulamentações que se aplicam ao processamento e armazenamento de dados pessoais, como o Regulamento Geral de Proteção de Dados (GDPR) na União Europeia e a Lei Geral de Proteção de Dados Pessoais (LGPD) no Brasil. Essas leis estabelecem diretrizes e requisitos específicos para proteger a privacidade e segurança de dados pessoais.

Além disso, várias organizações estão trabalhando para desenvolver políticas e diretrizes para o uso ético e responsável do ChatGPT, como a UC Berkeley, que criou o "AI and Security Initiative" para pesquisar questões de segurança em inteligência artificial.

À medida que a tecnologia continua a evoluir e o uso do ChatGPT se torna mais generalizado, é possível que novas regulamentações e políticas sejam implementadas para proteger a privacidade e segurança de dados pessoais.

33 QUAL O PAPEL DO CHATGPT NO FUTURO DO TRABALHO E COMO ISSO AFETARÁ O MERCADO DE TRABALHO?

O ChatGPT tem o potencial de desempenhar um papel importante no futuro do trabalho, especialmente em tarefas que exijam interações humanas repetitivas e padronizadas, como atendimento ao cliente, suporte técnico, vendas e muito mais. À medida que a tecnologia de conversação baseada em IA, como o ChatGPT, se torna mais sofisticada e eficiente, espera-se que ela se torne cada vez mais comum em vários setores e funções de negócios.

O uso do ChatGPT pode resultar em uma mudança no tipo de trabalho que as pessoas realizam, com menos ênfase em tarefas repetitivas e mais realce em tarefas que exijam habilidades humanas exclusivas, como criatividade, pensamento crítico e resolução de problemas complexos. O uso do ChatGPT também pode levar a uma mudança na forma como as pessoas trabalham, com mais ênfase em trabalhar remotamente ou de forma flexível.

No entanto, o uso do ChatGPT também pode ter implicações para o mercado de trabalho. Algumas tarefas podem ser automatizadas, o que pode levar a uma redução na demanda por certos tipos de trabalho. Por outro lado, o uso do ChatGPT pode levar à criação de trabalhos, como especialistas em *chatbots* ou gerentes de *chatbots*. Além disso, a adoção do ChatGPT pode levar a uma necessidade crescente de habilidades técnicas, como a capacidade de desenvolver e implementar tecnologias baseadas em IA.

Portanto, é importante que os indivíduos estejam preparados para se adaptar às mudanças que o uso do ChatGPT e outras tecnologias emergentes podem trazer ao mercado de trabalho. Isso pode envolver a aquisição de novas habilidades e conhecimentos, bem como a disposição de se adaptar a novas formas de trabalhar e colaborar com outras pessoas e tecnologias.

É bem verdade que o aumento do uso de tecnologias baseadas em inteligência artificial, como o ChatGPT, pode levar à automatização de algumas tarefas que antes eram realizadas por seres humanos, o que pode resultar em uma redução da demanda por certos tipos de trabalho. Isso pode ser preocupante para muitas pessoas, especialmente aquelas que trabalham em setores que são particularmente vulneráveis à automação, como atendimento ao cliente, suporte técnico, vendas e processamento de dados.

No entanto, é importante notar que a automação de tarefas repetitivas e padronizadas pode liberar os trabalhadores para se concentrarem em tarefas mais complexas e de maior valor agregado que requerem habilidades humanas únicas, como pensamento crítico, criatividade e resolução de problemas. Além disso, a adoção de tecnologias baseadas em IA, como o ChatGPT, pode levar à criação de trabalhos, como especialistas em *chatbots*, gerentes de *chatbots* e desenvolvedores de IA.

Para evitar a perda de emprego devido ao aumento do uso de tecnologias baseadas em IA, é importante que os indivíduos sejam proativos em adquirir novas habilidades e conhecimentos que possam ser aplicados em novos setores e funções de negócios. Isso pode incluir a obtenção de treinamento formal em tecnologias baseadas em IA, bem como a busca de experiência prática em projetos e iniciativas relacionados à IA.

Além disso, é importante manter-se atualizado com as tendências emergentes no mercado de trabalho e estar preparado para se adaptar a novas formas de trabalhar e colaborar com outras pessoas e tecnologias. Isso pode envolver a disposição de se envolver em treinamento e desenvolvimento contínuos e estar aberto a mudanças na estrutura e dinâmica do local de trabalho.

Com a crescente adoção de tecnologias baseadas em IA, várias profissões emergentes estão surgindo em uma ampla gama de setores. Algumas das profissões do futuro que podem utilizar IA e novas tecnologias incluem:

- **Especialista em IA:** esses profissionais projetam, desenvolvem e implementam soluções de IA em uma variedade de setores;

- **Engenheiro de dados:** esses profissionais desenvolvem e gerenciam infraestruturas de dados, que são essenciais para a implementação de soluções de IA;
- **Gerente de *chatbot*:** esses profissionais gerenciam e desenvolvem *chatbots* para empresas, ajudando a melhorar o atendimento ao cliente e a eficiência operacional;
- **Analista de dados:** esses profissionais são responsáveis por coletar, analisar e interpretar dados para ajudar as empresas a tomar decisões informadas;
- **Arquiteto de nuvem:** esses profissionais projetam, implementam e gerenciam infraestruturas de nuvem para empresas, que são essenciais para a implementação de soluções de IA;
- **Especialista em segurança de dados:** esses profissionais ajudam a garantir a privacidade e segurança dos dados das empresas, que são fundamentais para a adoção de soluções de IA;
- **Desenvolvedor de aplicativos:** esses profissionais projetam e desenvolvem aplicativos para dispositivos móveis e outros dispositivos conectados que utilizam soluções de IA para fornecer experiências personalizadas aos usuários;
- **Especialista em automação de processos robóticos (RPA):** esses profissionais ajudam a automatizar processos de negócios usando robôs e outras soluções de automação, melhorando a eficiência operacional e reduzindo custos.

Essas são apenas algumas das muitas profissões emergentes que podem se beneficiar da adoção de tecnologias baseadas em IA e outras novas tecnologias. É importante lembrar que as oportunidades de emprego mudam constantemente à medida que a tecnologia evolui. Então, é importante manter-se atualizado com as tendências do mercado e estar disposto a adquirir novas habilidades e conhecimentos.

34 COMO O CHATGPT PODE AJUDAR AS EMPRESAS COM OS REGULAMENTOS GDPR (EUROPA), LGPD (BRASIL) E DE OUTROS PAÍSES?

Como modelo de linguagem, o ChatGPT pode ajudar as empresas a entender e cumprir os regulamentos GDPR (Europa), LGPD (Brasil) e outras leis de proteção de dados em diferentes países. Aqui estão algumas maneiras pelas quais o ChatGPT pode ajudar as empresas com esses regulamentos:

- **Fornecer informações gerais:** o ChatGPT pode fornecer uma visão geral dos regulamentos GDPR, LGPD e outras leis de proteção de dados. Ele pode ajudar as empresas a entender os principais princípios, requisitos e escopo dessas regulamentações;
- **Responder a perguntas específicas:** o ChatGPT pode responder a perguntas específicas relacionadas ao GDPR, LGPD e outras leis de proteção de dados. Por exemplo, pode ajudar as empresas a entender que tipo de dados pessoais são cobertos

por esses regulamentos, como obter o consentimento do usuário e quais são os direitos do titular dos dados;

- **Criar políticas de conformidade:** o ChatGPT pode ajudar as empresas a criar políticas de conformidade para GDPR, LGPD e outras leis de proteção de dados. Ele pode fornecer orientação sobre que tipos de políticas são necessárias, que linguagem usar e como implementá-las;
- **Treinar funcionários:** o ChatGPT pode ajudar as empresas a treinar funcionários sobre GDPR, LGPD e outras leis de proteção de dados. Ele pode criar materiais de treinamento que cobrem os principais princípios, requisitos e práticas recomendadas para conformidade com esses regulamentos;
- **Fornecer atualizações:** o ChatGPT pode ajudar as empresas a se manterem atualizadas com as mudanças no GDPR, LGPD e outras leis de proteção de dados. Ele pode fornecer informações sobre novos regulamentos, jurisprudência e melhores práticas.

No geral, o ChatGPT pode ajudar as empresas a cumprir os regulamentos GDPR, LGPD e outras leis de proteção de dados, fornecendo informações precisas e relevantes, além de criar políticas de conformidade, treinar funcionários e fornecer atualizações sobre mudanças no cenário regulatório.

RESUMO DO CAPÍTULO 6

As limitações do ChatGPT foram discutidas neste capítulo, incluindo desafios como o entendimento de contextos e sentimentos, preconceitos e limitações linguísticas. No entanto, a tecnologia está evoluindo constantemente para superar essas limitações. Além disso, as considerações éticas associadas ao uso do ChatGPT foram abordadas, destacando a importância da transparência, privacidade e segurança de dados.

Os desafios de usar o ChatGPT em situações do mundo real foram explorados, incluindo a necessidade de projetar interfaces de conversação adequadas e integrar o ChatGPT aos sistemas e processos existentes. As implicações do uso do ChatGPT para a privacidade e segurança de dados também foram discutidas.

Por fim, a discussão se concentrou no papel do ChatGPT no futuro e como isso pode afetar o mercado de trabalho. Também foram abordados tópicos relacionados à conformidade com regulamentações de privacidade de dados, como o GDPR na Europa e o LGPD no Brasil. Em resumo, é importante considerar as limitações e os desafios do ChatGPT, além de entender as implicações éticas e práticas recomendadas para sua implementação.

CONCLUSÃO

Ao longo dos capítulos deste livro, exploramos as diversas formas pelas quais o ChatGPT pode ser utilizado para trazer benefícios para a vida pessoal e profissional das pessoas. A tecnologia por trás do ChatGPT é verdadeiramente revolucionária, e acreditamos que ela será cada vez mais importante, na medida em que o mundo se torna cada vez mais digital.

No capítulo 1, apresentamos uma introdução detalhada sobre o ChatGPT, desde sua história até seu funcionamento e suas aplicações práticas.

No capítulo 2, demonstramos como o ChatGPT pode ser utilizado no dia a dia das pessoas, trazendo praticidade e eficiência para diversas tarefas.

No capítulo 3, exploramos o uso do ChatGPT no ambiente de trabalho, abordando desde como criar uma *cover letter* até como otimizar videoconferências.

No capítulo 4, apresentamos como o ChatGPT pode ser utilizado em negócios e empresas, trazendo benefícios significativos em áreas como atendimento ao cliente, marketing e vendas.

No capítulo 5, mostramos como o ChatGPT pode ser aplicado em áreas de destaque como saúde, educação e até mesmo no campo da arte.

No capítulo 6, abordamos as limitações do ChatGPT e pontos importantes a serem considerados ao utilizá-lo.

Finalmente, no anexo, apresentamos outras soluções além do ChatGPT que podem ser utilizadas para melhorar negócios e empresas, demonstrando a importância de buscar uma abordagem integrada para obter os melhores resultados.

Concluímos, portanto, que o ChatGPT é uma tecnologia poderosa e versátil, capaz de trazer benefícios significativos em diversas áreas da vida pessoal e profissional. Acreditamos que aqueles que utilizam essa tecnologia de maneira eficaz terão a oportunidade de se destacar em seus campos de atuação e até mesmo criar novas oportunidades de negócios.

Com a conclusão deste livro, esperamos que tenha ficado claro a você, leitor, a importância das mudanças que a inteligência artificial pode ter na gestão de negócios e como o ChatGPT pode melhorar o seu dia a dia e revolucionar a forma como as empresas se comunicam com seus clientes e colaboradores.

Com base nisso, Alex Moura e Hader Azzini estão disponíveis para oferecer consultoria especializada em inteligência artificial e ChatGPT para empresas que desejam se destacar da concorrência e oferecer experiências únicas para seus clientes e colaboradores. Por meio do website ai2venture.com, é possível contatá-los e obter mais informações sobre como eles podem ajudar sua empresa a se destacar no mercado. Além disso, o website oferece cursos, palestras e materiais adicionais para ajudá-lo a mergulhar neste novo mundo. Juntos, podemos construir uma nova era de gestão empresarial, mais eficiente e conectada.

Este livro, *Revolução ChatGPT: criando novos milionários,* é apenas o primeiro passo para explorar todo o potencial do ChatGPT. Para continuar aprimorando seus conhecimentos e ficar atualizado sobre as últimas tendências, novidades e materiais extras, visite nosso website ai2venture.com ou siga-nos em nossas redes sociais. Além disso, digitalize o QR Code a seguir para ter acesso a conteúdo exclusivo e dicas valiosas que podem ajudá-lo a se tornar um dos próximos milionários da Revolução ChatGPT. Juntos, podemos continuar a revolucionar a forma como utilizamos a inteligência artificial para transformar nossas vidas e negócios.

ANEXO

ALÉM DO CHATGPT, QUE OUTRAS SOLUÇÕES POSSO UTILIZAR PARA MELHORAR MEU NEGÓCIO?

As empresas modernas precisam estar constantemente atualizadas com as últimas tecnologias para se manterem competitivas em um mercado em constante mudança.

Uma abordagem que muitas empresas estão adotando é trabalhar em conjunto com plataformas de inteligência artificial, como o ChatGPT, com outras ferramentas e aplicativos que permitem a automação e otimização de processos de negócios.

Ferramentas como ValidatorAI e Hunter.io podem ajudar a validar dados e encontrar novos clientes, enquanto Lumen5 e Mixo podem ser usados para criar e distribuir conteúdo de marketing. Plataformas de freelancer, como Fiverr e PeoplePerHour, também podem ser usadas para encontrar profissionais com habilidades específicas para trabalhar em projetos específicos.

Ao trabalhar em conjunto com o ChatGPT e outras ferramentas, as empresas podem aumentar a eficiência e a produtividade, além de fornecer uma experiência superior aos clientes.

E aqui estão alguns apps que podem ajudar as empresas a se manterem competitivas e aprimorar seus processos de negócios:

1. **ValidatorAI (validatorai.com):** é uma ferramenta de validação de dados e verificação de informações que utiliza inteligência artificial para verificar dados e detectar fraudes. A plataforma

pode ajudar empresas a verificar informações de seus clientes, como endereços, informações de pagamento e muito mais;

2. **WordAI (wordai.com):** é uma plataforma que utiliza inteligência artificial para reescrever textos, gerar novas ideias de conteúdo e criar artigos únicos automaticamente. O WordAI pode ajudar escritores e empresas a criar conteúdo de alta qualidade de maneira mais rápida e eficiente;
3. **Lumen5 (lumen5.com):** é uma plataforma de criação de vídeos que utiliza inteligência artificial para transformar textos em vídeos animados. A plataforma ajuda empresas e indivíduos a criar vídeos para suas redes sociais, anúncios publicitários e outras finalidades de marketing;
4. **Hunter.io (hunter.io):** é uma plataforma de prospecção de clientes que permite aos usuários encontrar endereços de e-mail e informações de contato de empresas e indivíduos em todo o mundo. A plataforma pode ser útil para empresas que desejam encontrar novos clientes e estabelecer parcerias com outras empresas;
5. **Mixo (mixo.io):** é uma plataforma de automação de marketing que ajuda empresas a criar e enviar campanhas de e-mail marketing e mensagens de texto para seus clientes. A plataforma utiliza inteligência artificial para personalizar as campanhas de marketing e melhorar a eficácia das mensagens;

6. **Fiverr (fiverr.com):** é uma plataforma que conecta *freelancers* a empresas e indivíduos que precisam de serviços específicos, como design gráfico, redação, edição de vídeo e muito mais. A plataforma permite que empresas encontrem profissionais com habilidades específicas para trabalhar em seus projetos;
7. **PeoplePerHour (peopleperhour.com):** é uma plataforma semelhante ao Fiverr, que conecta *freelancers* a empresas e indivíduos que precisam de serviços específicos. A plataforma permite que usuários encontrem profissionais com habilidades específicas para trabalhar em seus projetos, mas também permite que usuários postem projetos e recebam propostas de *freelancers* interessados em trabalhar no projeto;
8. **Grammarly:** uma ferramenta de correção gramatical e ortográfica que usa inteligência artificial para melhorar a escrita em inglês;
9. **Canva:** um aplicativo de design gráfico com recursos de IA que ajuda a criar designs atraentes para marketing e mídias sociais;
10. **HubSpot:** uma plataforma de automação de marketing que usa IA para ajudar a gerenciar contatos, criar campanhas de e-mail e analisar dados;
11. **Hootsuite Insights:** uma ferramenta de análise de mídias sociais que usa IA para ajudar a entender a percepção do público e identificar oportunidades de engajamento;

12. **Salesforce Einstein:** uma plataforma de inteligência artificial para vendas, marketing e atendimento ao cliente que ajuda a prever o comportamento do cliente e personalizar a experiência do usuário;
13. **IBM Watson:** uma plataforma de inteligência artificial que oferece recursos de processamento de linguagem natural, reconhecimento de imagem, análise de dados e muito mais;
14. **Google Cloud AI Platform:** uma plataforma de inteligência artificial que fornece serviços de aprendizado de máquina, processamento de linguagem natural e visão computacional;
15. **Zest AI:** uma plataforma de análise de dados de marketing que usa IA para ajudar a prever a eficácia das campanhas de marketing;
16. **Verloop.io:** uma plataforma de atendimento ao cliente que usa IA para fornecer respostas rápidas e precisas para perguntas frequentes;
17. **BotStar:** uma plataforma de *chatbot* que usa IA para ajudar a automatizar o atendimento ao cliente e melhorar a experiência do usuário;
18. **TensorFlow:** uma plataforma de aprendizado de máquina de código aberto que permite criar e treinar modelos de IA personalizados;

19. **Dialogflow:** uma plataforma de desenvolvimento de *chatbots* e assistentes virtuais alimentados por IA;
20. **Hugging Face:** uma plataforma de desenvolvimento de modelos de IA de código aberto que oferece uma ampla variedade de modelos pré-treinados para tarefas específicas;
21. **Amazon Rekognition:** uma plataforma de análise de imagem e vídeo que utiliza técnicas de *Deep Learning* para reconhecer objetos, rostos e emoções;
22. **Wit.ai:** uma plataforma de processamento de linguagem natural que permite criar *chatbots* personalizados para diferentes tipos de negócios e casos de uso;
23. **logoai.com:** uma ferramenta que usa inteligência artificial para criar logotipos personalizados para empresas e marcas;
24. **durable.co:** uma plataforma que ajuda empresas a rastrear a sustentabilidade e a responsabilidade social de seus fornecedores;
25. **writesonic.com:** uma ferramenta de geração de conteúdo baseada em IA que ajuda a criar textos para anúncios, postagens em redes sociais, e-mails e muito mais;
26. **synthesia.io:** uma plataforma de criação de vídeo que usa IA para gerar vídeos personalizados em escala;
27. **elai.io:** uma ferramenta de análise de sentimentos que usa IA para medir a emoção em textos e discursos;

28. **play.ht:** um serviço que usa IA para converter texto em fala para *podcasts, audiobooks* e muito mais;

29. **predis.ai:** uma plataforma de análise preditiva que usa IA para prever o desempenho de campanhas de marketing e vendas;

30. **tryellie.com:** uma ferramenta de recrutamento que usa IA para ajudar a encontrar os candidatos mais adequados para uma vaga de emprego;

31. **aifindy.com:** uma plataforma de busca de imagens que usa IA para encontrar imagens semelhantes e relacionadas;

32. **wordtune:** uma ferramenta de SEO que usa IA para ajudar a otimizar o conteúdo do site para os motores de busca;

33. **talktobooks:** uma ferramenta de busca de livros que usa IA para encontrar trechos de livros que respondem a perguntas específicas;

34. **icons8.com:** um site que fornece ícones, fotos e ilustrações gratuitas para uso comercial e pessoal;

35. **spinbot.com:** uma ferramenta de reescrita de texto que usa IA para produzir novas versões de um texto existente;

36. **autodraw.com:** uma ferramenta de desenho que usa IA para ajudar a criar ilustrações de qualidade profissional;

37. **teachblemachine:** uma plataforma que ensina a criar modelos de *machine learning* sem a necessidade de conhecimento prévio de programação ou ciência de dados;

38. **thispersondoesnotexist:** um site que usa IA para gerar imagens de rostos de pessoas que não existem;
39. **nightcafe.studio:** um site que usa IA para gerar música original;
40. **resemble.ai:** uma plataforma que usa IA para gerar vozes sintéticas personalizadas;
41. **letsenhance.io:** uma ferramenta de aprimoramento de imagem que usa IA para melhorar a qualidade de imagens;
42. **openai.com/dall-e-2:** um modelo de IA criado pela OpenAI que pode gerar imagens a partir de descrições de texto;
43. **scarytoolbots.com:** um site que usa IA para criar imagens de robôs assustadores;
44. **ponzu:** uma plataforma de *e-commerce* que usa IA para personalizar as recomendações de produtos para cada usuário;
45. **originality.ai:** uma ferramenta de detecção de plágio que usa IA para verificar se o conteúdo é original ou não;
46. **tome.app:** uma ferramenta de gerenciamento de tempo que usa IA para ajudar a melhorar a produtividade;
47. **magic-sketchpad:** uma ferramenta de desenho baseada em IA que usa reconhecimento de forma e aprendizado de máquina para transformar desenhos básicos em ilustrações detalhadas. Os usuários podem fazer esboços simples, como um círculo ou uma linha, e a IA preencherá com traços e detalhes adicionais para criar uma imagem completa;

48. **keywrds.ai:** uma ferramenta de pesquisa de palavras-chave baseada em IA que ajuda a identificar palavras-chave relevantes para uma determinada pesquisa ou tópico;
49. **congram.com:** uma plataforma que usa IA para identificar problemas em uma campanha de anúncios e fornecer sugestões de otimização para melhorar o desempenho;
50. **adept.ai/act:** uma plataforma de processamento de linguagem natural que usa IA para ajudar a analisar e entender grandes quantidades de dados de texto;
51. **fireflies.ai:** uma ferramenta de agendamento de reuniões que usa IA para automatizar o agendamento e gerenciar as transcrições de reuniões;
52. **starryai.com:** uma plataforma que usa IA para ajudar as empresas a automatizar seus processos de atendimento ao cliente e suporte técnico;
53. **tully.app:** uma ferramenta de análise de conversas que usa IA para identificar *insights* e tendências a partir de conversas de vendas e de atendimento ao cliente;
54. **rewind.ai:** uma ferramenta de análise de dados que usa IA para identificar padrões e tendências nos dados de uma empresa;
55. **landbot.io:** uma plataforma que usa IA para criar *chatbots* personalizados e interativos para sites e aplicativos;

56. **smartly.io:** uma plataforma de publicidade social que usa IA para automatizar e otimizar as campanhas de publicidade em várias plataformas de mídia social;
57. **supreme.ai:** uma plataforma que usa IA para automatizar as interações entre empresas e clientes em vários canais, incluindo chatbots e assistentes de voz;
58. **bigspeak.ai:** uma plataforma de treinamento de habilidades de comunicação que usa IA para fornecer *feedback* personalizado sobre habilidades de apresentação e comunicação;
59. **rationale.ai:** uma plataforma que usa IA para ajudar a identificar os melhores *leads* para vendas e marketing;
60. **e-sniper:** uma ferramenta de pesquisa de mercado que usa IA para analisar dados de mercado e prever tendências de produtos;
61. **yandex:** um mecanismo de busca russo que usa IA para fornecer resultados de pesquisa mais relevantes;
62. **pagefly:** uma plataforma de construção de páginas que usa IA para ajudar os usuários a criar páginas de alta conversão;
63. **copy.ai:** uma ferramenta de geração de texto que usa IA para criar textos de alta qualidade, como slogans, anúncios e descrições de produtos;
64. **4dayweek.io:** uma plataforma de gerenciamento de projetos que usa IA para ajudar a automatizar tarefas e reduzir o tempo de trabalho para uma semana de quatro dias;

65. **peppertype.ai:** uma plataforma de geração de conteúdo que usa IA para criar conteúdo personalizado para marketing e publicidade;

66. **midjourney:** uma plataforma que usa IA para criar campanhas de marketing personalizadas e envolventes;

67. **elevenlabs:** uma empresa de desenvolvimento de software que usa IA e outras tecnologias para criar soluções personalizadas para seus clientes;

68. **huggingface:** uma plataforma de processamento de linguagem natural que oferece modelos pré-treinados e APIs para ajudar desenvolvedores a criar *chatbots*, assistentes virtuais e outras aplicações de NLP;

69. **TimeHero:** é um aplicativo de gerenciamento de tarefas e projetos que ajuda a gerenciar o tempo e aumentar a produtividade. Ele oferece recursos como cronograma, lista de tarefas, lembrete, integrações com calendários e aplicativos de terceiros, bem como análise de dados para ajudar a identificar áreas de melhoria;

70. **dessa:** uma plataforma que usa IA para ajudar empresas a implantar modelos de aprendizado de máquina em escala, incluindo modelos de processamento de linguagem natural, visão computacional e outras aplicações de IA.